谨以此书献给所有不甘于平凡的人们

如果没有精神文化上的充实和丰盈，就不能说有真心幸福的生活和美好的人生。

珍惜自己的工作，就是珍惜自己的未来

员工一定要明白的工作哲理

刘延兵◎编著

该明白的一定要明白，还没明白的要赶快弄明白，这是优秀员工的职业信仰，也是事业成功的真谛！

中国言实出版社

图书在版编目(CIP)数据

员工一定要明白的工作哲理/刘延兵编著.
—北京:中国言实出版社,2010.10
ISBN 978-7-80250-327-4

Ⅰ.①员…
Ⅱ.①刘…
Ⅲ.①工作方法—通俗读物
Ⅳ.①B026-49

中国版本图书馆 CIP 数据核字(2010)第 158621 号

出版发行 中国言实出版社
地 址:北京市朝阳区北苑路 180 号加利大厦 5 号楼 105 室
邮 编:100101
电 话:64924716(发行部) 64963101(邮 购)
64924880(总编室) 64914138(四编部)
网 址:www.zgyscbs.cn
E-mail:zgyscbs@263.net

经 销 新华书店
印 刷 北京市德美印刷厂
版 次 2011 年 1 月第 1 版 2011 年 1 月第 1 次印刷
规 格 710 毫米×1000 毫米 1/16 14.5 印张
字 数 190 千字
定 价 29.80 元 ISBN 978-7-80250-327-4/B·241

前 言
Preface

很多在同一职场环境下，相同的学历、相似的经历、差不多的能力甚至其他各种条件也都相差无几的员工，几年后境遇、职位、薪金却都大不相同，相去甚远——有的人取得了辉煌的成就，既升职又加薪，如鱼得水；有的人却依旧碌碌无为，处境艰难。是什么造成他们如此巨大的差异呢？秘诀可能非常简单：那些快速晋升、优秀而卓越的员工只不过比那些处境不佳的员工多懂得一些工作哲理罢了！

人品比能力更重要，这是首要铭记的一条。人品是源头，是根基，是一切能力施展的保障和前提。没有优秀的人品，能力越大反而越危险，因为关键时刻它为企业、为组织带来的不是贡献，而是伤害。所以，不要以为自己能力强，本领大，就可以忽略人品的不足。每一个员工一定要记住：做事先做人。修炼能力之前，必须先修炼人品。否则，永远也不可能成为优秀人才和成功人士。

其次，要知道工作绝不是为别人做的。工作不是为了老板，不是为了薪水，更不是为别的什么做的，工作是为自己做的。努力工作，表面上看是为了老板，为了企业，其实是为了自己。因为努力工作的人能从工作中学到比别人更多的经验，而这些经验便是我们向上发展的垫脚石。这是再浅显不过的道理，却需要我们用心去理解、去诠释、去行动。

第三，要明白态度决定一切。做任何工作，态度认真与否是区分卓越和平庸的分水岭。世界上没有平凡的工作，每一份工作都有它实实在在的作用和意义,关键在于我们是不是以卓越的工作态度把它做好了,做完美了,做到极致了。如果没有一个良好的工作态度,再好的工作也会让一个人陷入平庸;如果有卓越的工作态度,再平凡的工作也一样可以创造出辉煌的人生。如果你明白了这个道理,又怎么还会以闲适懒散的态度对待你的岗位、你的工作呢?

第四,要懂得责任心的重要性。责任至高无上。因为责任关系到安危,关系到成败,关系到存亡,关系到生死……如果没有了责任,这世上的任何东西也就没有了保障。每一份工作都是一份责任,职位越高,责任越大。所以,要想迅速晋升,担当大任,只有具有高度的责任心,勇于负责,敢于负责,任何时候都不会推卸责任的人才有资格。

第五,要理解细节是决定成败的关键,千万不要忽略细节。事业的成功在细节,失败也是。不论做什么工作,都要重视小事,关注细节,把小事做细、做好、做精致,把细节做透、做实,做完美。这样的员工,才能享受到成功的丰美果实。

第六,要领悟勤奋是成功无法绕开的必经之路。离开了勤奋,也就放弃了成功。一个员工如果没有勤奋努力的精神,不论你有多么高的天分、多么优越的条件,也不可能拥有成功。

第七,要认识为企业节约,其实是为自己谋利。不要以为在企业浪费点没什么,一个挥霍浪费的员工是不可能受到企业重用的。而一个注重节俭的员工,总是能得到更多的青睐和器重。

第八,要学会与人合作,共享成功。合作远比竞争重要。离开了合作,再优秀的个人也不可能取得成功。取长补短、真诚合作、同担风雨、共享成功,才是当今时代的工作哲理。

道理都是简单的道理,关键在于理解和行动。真心希望这本书能帮助你走上成功的大道!

目 录
Contents

哲理1 人品比能力更重要

能力很重要，可是有一样东西比能力更重要，那就是人品。人品是源头，是根基，是一切能力施展的保障和前提。没有优秀的人品，能力越大反而越危险，因为关键时刻它为企业、为组织带来的不是贡献，而是伤害。所以，每一个员工一定要记住：做事先做人。修炼能力之前，必须先修炼人品。

哲理2 工作绝不是为别人做的

聪明的员工明白，工作绝不是为别人或是为薪水做的，工作是为自己做的。努力工作，表面上看是为了老板，为了企业，其实是为了自己。因为努力工作的人能从工作中学到比别人更多的经验，而这些经验便是我们向上发展的垫脚石。这是再浅显不过的道理，却需要我们用心去理解、去诠释、去行动。

哲理3 没有平凡的工作，只有平庸的工作态度

做任何工作，态度认真与否，是区分卓越和平庸的分水岭。世界上没有平凡的工作，每一份工作都有它实实在在的作用和意义，关键在于我们是不是以卓越的工作态度把它做好了，做完美了，做到极致了。如果没有一个良好的工作态度，再好的工作也会让一个人陷入平庸；如果有卓越的工作态度，再平凡的工作也一样可以创造出辉煌的人生。

哲理4 敢负责任才能担当大任

责任至高无上。因为责任关系到安危,关系到成败,关系到存亡,关系到生死……如果没有了责任,这世上的任何东西也就没有了保障。每一份工作都是一份责任,职位越高,责任越大。所以,要想迅速晋升,担当大任,只有具有高度的责任心,勇于负责,敢于负责,任何时候都不会推卸责任的人才有资格。

哲理5 成功在细节,失败也是

“泰山不拒细壤,故能成其高;江海不择细流,故能就其深。”不要以为细节无所谓,恰恰是点点滴滴的细微之处决定着成败兴亡。所以,千万不要忽视细节。不论做什么工作,都要重视小事,关注细节,把小事做细、做好、做精致,把细节做透、做实,做完美。这样的员工,才能享受到成功的丰美果实。

哲理6 离开了勤奋，也就放弃了成功

勤奋是成功无法绕开的必经之路，勤奋是所有聪明和才智的来源，勤奋是永不过时的工作精神。勤能补拙，勤能助智，勤能弥弱，勤能克服你所有的不足……但是离开了勤奋，不论你有多么高的天分、多么优越的条件，也不可能拥有成功。

哲理7 为企业节约，其实是为自己谋利

"大河有水小河满，大河无水小河干。"企业就是大河，大河无水，那员工们的小河当然也会枯竭。为企业节约，其实也是在为自己谋利。优秀的员工都有节俭的习惯，视节约为己任，不浪费一丝一毫、一点一滴，为企业节约每一张纸、每一度电、每一滴水……花企业的钱，就像花自己的钱一样"抠"。因为他知道，省下的都是企业的利润，企业的就是自己的。

哲理8 比竞争更重要的是合作

这是一个竞争的时代,更是一个合作的时代。尺有所短,寸有所长,合作比竞争更重要。因为一个人的力量再大,也不可能全能,而一个互助合作的团队却可以做到。优秀的员工一定要学会与同事取长补短、真诚合作、同担风雨、共享成功。

哲理1　人品比能力更重要

能力很重要，可是有一样东西比能力更重要，那就是人品。人品是源头，是根基，是一切能力施展的保障和前提。没有优秀的人品，能力越大反而越危险，因为关键时刻它为企业、为组织带来的不是贡献，而是伤害。所以，每一个员工一定要记住：做事先做人。修炼能力之前，必须先修炼人品。

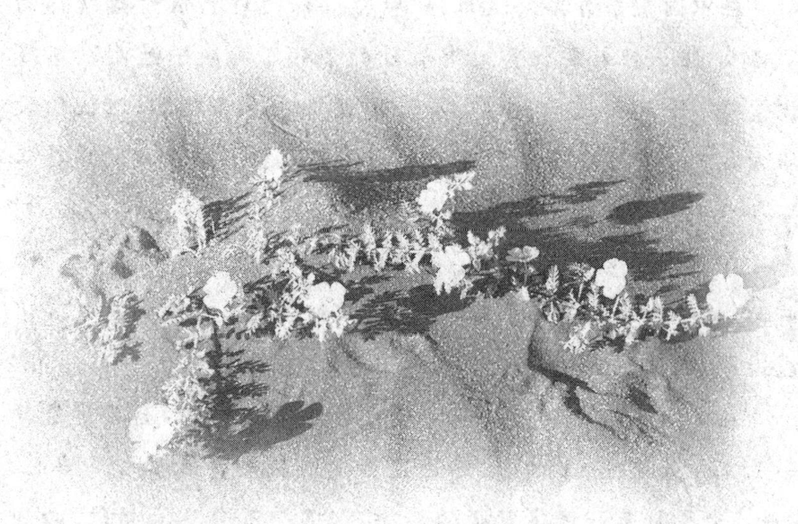

1 正直是人格的核心

富贵不能淫，贫贱不能移，威武不能屈。

——孟子

正直是什么？正直就是端正挺直、不偏不倚、不斜不歪；就是孟子“富贵不能淫，贫贱不能移，威武不能屈”的精神；就是屈原“虽九死而不悔”的意志；正直是对正义的坚强护卫，对公理的不懈追求，对良心的永恒坚守，正直的人不管在多么紧难、多么危险的境地，也绝不放弃对真理、道义和社会准则的坚定维护！

正直，是一切优秀品格的核心；正直，是人类的脊梁。没有正直品格的人，就不可能挺直身子，傲立天地。

在中国某个著名的城市，一批接受深造即将成为建筑师的年轻人，在一位双鬓如雪的老教授的带领下参观一座刚刚落成就需要拆除的大厦。因为大厦的建筑师接受贿赂后，在他的设计方案中改换了关系工程质量的一连串数据……爆破的炸药正填入水泥未干的墙基。

在场的人全被震撼了。老教授颤颤巍巍地走到学生们跟前，想说什么却又哽噎着难以开口，只说了半句：“咱们建筑师不能造孽，应该积德……”

在美国马里兰州建筑学院盛大的毕业典礼上，著名建筑师弗兰克·劳埃德·赖特仿佛是接着中国教授的话题大声演说：“一座大厦就是一位建筑师的名誉，这名誉不会从天而降，必须来自一块块实实在在的砖头，一块块地地道道的板材。而这一切全都来自建筑师的品德——实实在在、正直高尚的品德！”

人们为了名誉，可以投入大量的金钱和精力，但就是不愿意使一块块砖头成为“一块块实实在在的砖头”，让一块块板材成为“一块块地地道道的板材”，从而丧失了做人的基本品格。这绝对是具有正直品格的人所不齿、所抗拒的行为。

“正直”即“正”而“直”，不是弯曲的爬行的依附的，而是堂堂正正、立得稳，行得正，有正义感、有是非观，正气凛然、正大光明、无私无畏。正直是一切立身处世的基石，更是优秀品格中最为重要的一种。正直是人类高尚品德的一个根本性的标志。只有具备正直品格的人，才能做到为人正派，办事公正，忠诚敬业，言而有信；才能为社会、为企业的利益支持公道，伸张正义，在强暴和邪恶面前表现出凛然正气；才能为了真理、为了正义勇敢进取，敢做敢当，而将个人得失置之度外；才能做到无私无畏，见义勇为，“富贵不能淫，贫贱不能移，威武不能屈”。所以，正直是人格的核心，是衡量一个人品德高下的基本准则。

正直的人敢于坚持真理，不畏强暴，敢于说真话，做实事，对任何事物，都坚持原则，不随波逐流，更不趋言附势，正直是最绚丽的品质之花，是最美好和优秀的品格。

杰克大学毕业后到一家软件开发公司工作，和他一起进入公司的还有他的同学及好友希尔。他和希尔两个人都被分配到程序编辑组，有机会接触到公司最核心的技术秘密。

他们所面临的社会，是一个充满陷阱和诱惑的社会，加上软件企业当前的争战相当激烈，自从他们进入程序编辑组那天起，就有竞争对手想从他们那里套取技术秘密。

刚开始的时候，杰克和希尔都顶住了诱惑。但是，时间一长，希尔开始动摇了。有一天晚上，两个人还在单身公寓里为此吵了起来。

“我想不明白，对方开出那么高的价钱，顶得上我们两个人一年的工资，为什么不答应？”希尔说。他指的是某竞争企业出资10万美元购买他们参与研究的一项软件的数据库。

“那违背了我们的做人原则。”杰克说。

“我知道你很正直，可正直值几个钱呢？”希尔说。

“别说了，反正我不同意！”杰克终于吼起来了。

希尔看到杰克生气了，便表示放弃。但他心中并没有放弃，他决定瞒着杰克。

10万美元很快进入了希尔的腰包，谁也没有发现，包括杰克在内。两个月后，竞争对手抢先一步推出相似软件，迅速占领市场，让杰克所在公司为此损失了数百万美元。此时公司终于发现有人出卖技术秘密。经过一番调查，得知泄密者是希尔后，公司立即将其开除，并将他告上了法庭。

做任何事都需要正直作为立身之根本，才能疾恶如仇，不屈于权势，不畏于时局，而只按照正确的准则来行事，事情当然是可以做好的。正直是一切立身处世的基石，正直是驾驭思想感情的最佳舵手。

一个正直的人，一个在任何时候都能坚守正义和公理、都能保有正直品格的人，一开始就比别人有了更高的风骨，这样的人，别人在心中早已为他贴上了最优秀的标签，不管到哪里，都受人尊敬、受到欢迎。

2 忠诚高于一切

如果说智慧像金子一样珍贵的话，那么还有一种东西比金子更珍贵，那就是忠诚。如果你是忠诚的，你就会成功。

——职场箴言

忠诚是什么？简单地理解，忠诚就是忠贞和诚信。忠贞就是无论什么情况下都不反不判，不离不弃，矢志不渝，追随到底；诚信就是诚实信用，言出必行，敢于负责，一诺千金。

没有忠诚，朋友会变成敌人，夫妻会成仇人，儿女会不忠不孝，同事会背信弃义；没有忠诚，则正人君子不存，伪善小人横行，那我们这个世界也就不可能再有公义、再有真情、再有信任。不敢想象那会是怎样的一个世界。

忠诚是一种责任，忠诚是一种义务，忠诚是一种操守，忠诚还是一种品格。忠诚不讲条件，更不求回报，它是一种发自内心的情感。

忠诚是一个人为人处世的根本。人是社会的人，人在社会中，必须要与他人交往，人与人之间的交往最重要的就是诚信。一个言而无信的人是不可能有所作为的，因为他连最基本的信任也得不到，何能得其他？

一个人缺乏了忠诚这一品质，即使你再有能力，有通天的才华，也必定会被社会所抛弃，找不到安身立命之地。

某白酒企业从1995年由一个小作坊起家，发展成为了一家中型白酒企业。员工人数从当初的5人发展到200人，因为坚信质量和诚信，生意越来越红火。年销售额从过去的10多万元到现在的6000多万元。

该公司销售中心经理聂经理是一个能说会道，很有办事能力的人，因和公司高层产生意见分歧，双方一直未能达成共识而提出辞职报告，可是就在辞职报告刚通过的那一刹那，聂经理开始了他的报复计划。

他把公司的机密文件和客户电话通过打电话及传真的方式告知各市场经销商，使得市场乱成一团麻，并引发很多纠纷，各地市场上的电话几乎将公司四部电话打爆，使得该公司经过多方面的努力和付出了相当大的代价才平息事件。

同时，聂经理又打电话给当地的工商及税务部门，指出该公司账目有某某嫌疑。一时之间这两个部门齐齐来到该公司进行调查，虽然最后查证无此嫌疑，但毕竟给公司带来了无形的伤害，损害了公司的形象。

最终聂经理不是主动辞职，而是被公司开除，并且公司就为这件事专门开了一个记者招待会，详细公布了事情的经过。聂经理的名声一下子散播出去了，再也没有任何一家公司敢聘用他这样的人了。

缺失了忠诚之心，背叛了企业，带来的将是背上一辈子都擦拭不掉的劣迹，背叛的代价就是给自己的人格和尊严抹上污点。这样的员工必然遭到企业的唾弃，遭到社会的白眼，并最终断送自己的前途。

忠诚是一个员工最为重要的职业品德，是职场最重要的素质，最闪亮的名片。具有忠诚品格的人，不管到哪里，都会受到欢迎。

本杰明到一家IT公司面试。本杰明的工作能力无可挑剔，但是面试人员提出了一个令本杰明很失望的问题："我听说，你曾帮助一位朋友的公司开发了一个新的应用程序软件，据说你提了很多有价值的建议。我们公司也正在策划这方面的工作，你能否透露一些你朋友公司的情况？你知道这对我们很重要，而且这也是我们为什么看中你的一个原因。请原谅我的直白。"面试官说。

"你问我的问题令我感到失望，同样，我的回答也会使你失望的。很抱歉，我有义务忠诚于我的朋友，无论何时何地，我都必须这么做，与获得一份工作相比，忠诚守信对我更重要。"本杰明说完就走了。

朋友都替本杰明惋惜，他却为自己所做的一切感到坦然。

没过几天，本杰明收到了这家公司的一封信。信上写着："亲爱的本杰明，祝贺你被我公司录用了，不仅因为你的专业能力，更重要的还有你的忠诚。"

是的，本杰明的机会正是来自于他的忠诚。他的忠诚不仅没有让他失去机会，相反让他赢得了机会。因为忠诚是所有企业最为看重的员工职业素质，是所有老板用人的第一标准，是职场最闪亮的名片。忠诚的员工永远是最受欢迎的员工。

忠诚是一种美德，也是一种修养，更是一种风骨，一种成大事者的特质。一位成功学家说：“**如果说智慧像金子一样珍贵的话，那么还有一种东西更为珍贵，那就是忠诚。如果你是忠诚的，你就会成功。**”因而在很大程度上，忠诚其实远比能力重要。

深圳有家电子企业拥有一批得力的技工，这批骨干很能解决企业生产问题，为企业的发展立下过汗马功劳，可谓功不可没。老板对这批骨干非常器重，频频加薪宴请，劳资双方感情非常融洽。

有一技工头，原本也是个老实人，但几年下来，看到老板对他们这样好，总以为自己为老板创造了很多的价值，不然，老板不会这么看重他们。他竟然萌生了歪念：我有一批骨干，老板没我不行，何不敲他一竹杠，他敢不答应？

抓住了老板的软肋，他便时不时向老板暗示，果然得逞。继而便公开讨价还价，得寸进尺，稍有不遂意，便以集体跳槽相威胁，搞得老板左右为难，非常被动，最可恨的是他们竟然在外商验货之际做了手脚，让企业受到不应有的惨重损失。老板怒不可遏，把这批技工全部炒掉，企业也因此元气大伤。

可见缺失了忠诚之心，对企业、对个人、对社会都会带来损害。

有一个企业老板说得好：“我的员工可以没有技术，也可以不聪明，也可以不专业，但绝对不可以不忠诚，因为技术可以学来，笨拙可以靠勤奋补，不专业可以培训，忠诚却是用什么也换不回来的比金子还珍贵的品质。如果没有忠诚，我凭什么给他信任？他又怎么可以让我放心？”

以前很多的老板都认为能力是第一位的，事实让他们明白了仅仅有能力远远不够，只有忠诚，才是决定企业成败的关键因素。缺乏忠诚，单纯强调能力而忽视忠诚是危险的。忠诚不仅是一种品德，更是一种能力，而且是其他所有能力的统帅与核心,因为如果缺失了忠诚,其他所有的能力也都失去了用武之地。

员工的忠诚是企业的无价之宝,每个公司的发展和壮大都是靠员工的忠诚来支撑的。没有一批忠诚的员工,再大再强的公司也会跨掉。那些忠诚于企业、忠诚于老板的员工,才是企业发展最有力的基石,是企业面对困难时最坚强的后盾。

所以,员工一这要明白忠诚是高于一切的品质,绝不能有半点含糊。

3 时刻保持谦虚

谦虚使人进步,骄傲使人落后。

——毛泽东

谦虚是一种优秀品质,一种人格成熟的标志。真正的成功人士总是低调而谦逊。谦逊具有平衡作用,不让我们高人一等或屈居人下,它使我们保持自我本色。

美国第三任总统托马斯·杰斐逊,1785 年曾担任驻法大使。一天,他去法国外长的公寓拜访。

"您代替了富兰克林先生?"外长问。

"是接替他,没有人能够代替得了他。"杰斐逊回答说。

杰斐逊的谦逊给人留下了深刻印象。

谦虚是一种美德,一种美好人格,在现今社会中已有极高的认同性,但在许多人的道德观念中,他们认为谦虚就是一种自我的压抑。在功名成就时,他们更喜欢个性的张扬,生怕让谦虚埋没了自己的智慧人生。其实不然,越是谦虚的人越能得到人们的尊重,就像杰斐逊一样。人们因为他的谦虚而更加尊敬他。

一个有功绩而又十分谦逊的人,他的身价定会倍增。未达到成功的人没有什么值得特别骄傲的,因此更应该保持谦逊。而已经取得成功的人,也不该自高自大、自鸣得意和自以为是,而应该继续保持谦逊的作风。

人类如果失去谦虚,那么自信就会变成自大。自大就是自满,自满就会失败。这是最需要警觉的。有日本"经营之神"美誉的松下幸之助曾指出:松下电器公司成为知名企业之后,自己最担心的就是一些员工骄傲自满、妄自尊大。虽然公司在企业界和社会上有了崇高的地位,但更应该加快自身的发展,为社会做出更大的贡献。

谦虚向来是世人看重和倡导的品德。那么在工作中,什么是谦虚呢?

工作中的谦虚就是当你身居某个显赫的位置时,并不认为这个职位就非你莫属,离了你地球都不会转动,而是想到还有很多优秀人才也能胜任,只是缺少机会,从而做到爱岗敬业、一丝不苟。

工作中的谦虚是当你取得某项成绩、获得某项荣誉时,并不认为就是一己之劳,而是离不开领导的关爱、组织的培养和同事的协作,从而把鲜花和掌声当成一种鞭策和鼓励,当成新的开始和大家一起分享。

常怀谦虚之心,会多一分清醒,少一分陶醉。只有常怀谦虚之心,才能既经得起失败的考验,又经得起胜利的考验。

世界上许多具有影响力的成功者:卡耐基、卡特、韦尔奇、马登……这些人中没有一位是靠着自己的吹嘘而功成名就的,他们无一不是自己事业虔诚的信徒,在工作中忘我地投入,在功劳与声誉面前却谦逊虚心理智退让。正是这种谦逊的品质,让这些成功者赢得了人格上的尊重,事业上的成功。所以,谦逊是任何一个事业有成者必须具备的一种良好素养。谦虚谨慎、不骄不躁,顾大体、识大局的人,才会在职场上受到欢迎取得成功。

有了一点点成绩,或是取得了一定的成就,就开始骄傲自满,开始目中无人,开始张扬自得,这样的人是很难有大出息的。终归会惹得大家心中愤恨,招来上司的不满,同事的嫉妒,客户的怨懑,以致毁了自己的前程。

有一家企业新招来了一批大学生，总经理为了表示对他们的热情欢迎，开会时拿着花名册一一点名，并逐一致欢迎辞。这时总经理已经叫到了“苏华”，可是下面却久久没有人应，总经理又叫，新来的助理拿起名册来看了一眼，笑了，对总经理说：“这是苏晔，不是苏华。”

下面的大学生们都有些惊讶地望着总经理，总经理的脸上有些挂不住了，一旁的秘书急忙说：“对不起，总经理，这怪我，是我打字打错了，我把晔字打成华了。”总经理笑了，说“下回注意点”。然后，点名认识顺利地继续了。

会开完，自以为才学过人的助理走人了，秘书成了总经理助理。

在公司的人际交往关系中，谦虚是一种重要的因素，因为谦虚的人总是比别人有更多的亲和力。

张扬未必长久，谦恭未必短暂。对于做人来说，还是低调谦虚些好，不显眼的花草少遭摧折。谦虚，反倒能心无旁骛，专注做好眼前的事，取得好人缘，积累好人脉，从而成就自己的未来。

4 学会自律，战胜自己

自制是一种秩序，一种对于快乐与欲望的控制。

——柏拉图

自律不仅是古今中外共同尊崇的美德，也是一切美德的根本，是所有品格的精髓，更是一种准则，是个人素质的最高境界。

所谓自律，就是针对自身的情况，以一定的标准和行为规范指导自己的言行,严格要求自己和约束自己。

自律是最难以获得的品质之一,因为世界上没有完美的人,正如一位哲人说的:“没有不带刺的鱼,同样也没有不带缺点的人。”每个人都会有自己的不足和缺点。自律就是要求我们每个人充分认识自己,承认自己的缺点,不断地克服自己的这些缺点,改正它,战胜它,所以,很难。正因其难,才更加可贵,更加难得,更加被人推崇和赞美。有自制自律能力的人也就能受到别人更多的尊重。

一位赴澳大利亚谈生意的人,讲了他在澳大利亚的一件事,初到澳大利亚时,几位在澳经商的朋友为他接风。席间,经不住大家的劝说,东道主(一位澳大利亚人)和别人一样觥筹交错,聚会结束时,所有的人喝得都有八九分醉意了。大家都是开车来的,怎么回去?一个已经醉了的朋友抢着说自己能开车,但东道主坚决将他拦了下来,并拿起手机打了报警电话:“我们几个人在饭店喝醉了酒,请帮忙送我们回家。”朋友正在疑虑,来了两个警察,“刷”地敬了一个礼,恭恭敬敬地说:“谢谢你们对公众安全的关心,请问诸位住在哪里?”问明白以后,警察接过几个人的车钥匙,把他们的车停在了停车场,然后交还了钥匙,用警车把他们送了回去,一路上警察再三感谢他们对公众安全的关心。

也许在中国人看来,这些警察真是太天真了,但我们还是可以从中看到因为自律而得到尊重和赞美的意义。

自律是成功者的特质,是优秀者的标志。我们可以从世界上许多成功者伟大者的身上看到自律自制的神奇作用。

有这样一位大国总统,但你可曾想到,就是这样堂堂的大国总统,年轻时候却是放荡不羁、缺少自制力的“坏”青年。学生时代的他,学习成绩一般,但对于吃喝玩乐却样样在行。平时他整天与“狐朋狗友”四处游荡,无所事事。他最大的喜好就是开着自己那辆哈雷一戴维斯摩托车,带着时髦女孩,在大街上飙车。

除此之外,每天晚上,他总是泡在舞厅里,不到深夜不会回家,而且每次都是醉醺醺的。他的父亲看儿子如此不济事,多次谆谆教导。但是,他总把父亲的话当耳旁风,依然故我。直到一天,一个很特别的女孩出现在他面前,她的美丽和纯洁一下子打动了"花花公了"的心。在这位姑娘的影响之下,他警醒了,慢慢克制自己的放纵行为,奋发努力,投入政界。经过一番比拼,他终于成就了自己的辉煌,登上了总统的宝座。

能自律的人,才可能登上人生的顶峰。如果一个员工没有自律能力,那他在工作上的敬业程度就会大打折扣。

一个资深的人事经理举了这样一个例子:我们的上班时间是早上8点30分,有人8点20分就到了,有人8点30分到,也有人8点40分才到。在平时是看不出这三类人有什么本质的区别,但是在关键时刻,或许就会因为这迟到10分钟的习惯,有些人误了大事,给公司带来了无可挽回的损失。这其实就是每个人自律能力的不同导致的不同后果。

纪律和规则是我们工作中不可缺少的准则。对于员工而言,自律最主要的表现就是遵守纪律和规则,遵守一切厂规厂纪,一切规章制度,一切章程、规程、守则。

世界上没有任何事情是绝对的,自由也是。没有纪律的约束,自由就会泛滥,就会无边无际,这样的自由是不可能存在的。不要把纪律视为洪水猛兽,它并不那么恐怖。英国克莱尔公司在新员工培训中,总是先介绍本公司的纪律,首席培训师总是这样说:"纪律就是高压线,它高高地悬在那里,只要你稍微注意一下,或者不是故意去碰它的话,就绝对不会受到高电压的伤害,你就是一个遵守纪律的人。看,遵守纪律就这么简单。"

没有规矩,不成方圆;不守纪律,何来优秀!要想取得成就,首先要从自制自律、严格遵守纪律开始。

吉姆·柯林斯在对大公司上亿美元投入的项目研究过程中

发现："当员工守纪律的时候，就不再需要层层管辖；当工作守纪律的时候，就不再需要管理制度的约束；当行动守纪律的时候，就不再需要过多的管理和控制。结合了强调纪律的文化和创业精神，你就得到了激发卓越绩效的神奇力量。"

在企业中，自律是最起码的职业道德。企业的纪律约束需要人员的监督，但这种监督不可能兼顾到每一个人，也不可能兼顾到每时每刻。更多的时候需要员工自律，自己约束自己，自己管理自己。翻开每一家企业的《员工手册》，我们都会发现"自律"是其中必不可少的内容。自律的员工往往能做出更多的成绩，能得到更多的器重，也更能取得成功。

自制自律、战胜自我还要克制住自己的放纵心理，哪怕是小事也要严格要求才行，放纵则是最害人害己的行为。比如适量饮酒，活血化淤，失度则伤肝；适时睡眠，除困解乏，过度则精神倦怠；言多必失，食多必胖；业余搞点爱好，利于放松，可如果失度，则会玩物丧志。人生如果放纵自己，没有自制力，哪怕放纵的不过是情绪，也会带来大的损害。

某大公司老板巡视仓库，发现一个工人正坐在地上看连环画。老板最恨工人在工作时间偷懒，于是怒不可遏地问："你一个月挣多少？"

"1000 元。"工人回答。老板立刻掏出 1000 元给他，并大叫："拿了钱给我滚！"事后，老板责问后勤主管："那工人是谁介绍来的？"主管说："那人不是公司员工啊，而是其他公司派来送货的。"

"冲动是魔鬼"，愤怒状态下的人经常会失去理智，一时的冲动很有可能会断送自己的大好前程，造成严重的后果。据统计，怒火给人类造成的损失比全世界烧掉的煤炭还要多出成百上千倍。其实，只要你忍一忍，我让一让，或者冷静一下，等情绪平静下来之后再来处理，解决问题就容易多了。

不论做任何事情，自律都至关重要。自我节制，自我约束，是一种控制能力，尤其控制人们的性格和欲望，一旦失控，变得随心所欲，结局必将一败涂地,不可收拾。不能控制自己的情绪,喜欢发怒的人,往往难以认清楚矛盾的根源,因此总是鲁莽行事,却总会让自己受伤。

有一个头脑简单、爱生气发怒的二愣子,他常常听到别人家的狗叫就跺脚骂上半天。他也知道自己脾气不好,可就是改不了,经常为自己脑袋少根筋而烦恼不已。

后来有一天,他去城郊的寺庙,虔诚地请教一个高僧:"我如何才能克制自己的怒气呢?"高僧笑呵呵地回答:"很简单啊,我教给你十个字,'小怒数到十,大怒数到千',这样子就可以了。"高僧简单的回答,让二愣子总觉得不是那么回事,只得心有不甘地回家了。

当他赶回家里,发现自己的老婆跟另外一个人并头睡在一起!妒火中烧的他转身操起一把菜刀,准备冲进去砍了这对"奸夫淫妇"。

这时候,他猛然想起高僧教给他的十个字,就强忍着怒火,开始在心里数数。刚数到八的时候,那个"奸夫"突然醒了过来,看着二愣子拿把菜刀站在自己面前,吓了一跳说:"儿啊,你拿着菜刀来这里做什么。"

原来是二愣子的母亲看儿子迟迟不归,特地过来陪儿媳妇聊天。两人等得困了就睡在一起。

二愣子惊出了一身冷汗:"幸亏高僧告诉了我制怒的智慧,不然我已经杀了我老娘了。"此后,这个二愣子遇上生气的事情就"小怒数到十,大怒数到千",慢慢地改正了遇事冲动的毛病。

哲学家康德说:**"生气,是用别人的错误惩罚自己。"**的确,冲动就有这样的魔力,让人身不由己,敢做平时不敢做的事情,愿做平时不愿意做的事情,就好像失去理智的罪犯那样走上极端,亲手毁掉自身的幸福。所以一定要理智地学会控制自己的情绪,不要见人就发泄情绪,要做情绪的主人而不是奴隶,要保持平和的心境,遏制冲动的情绪,避免不良的后果。

一个自律的人，应该是一个懂得自爱，勇于自省，善于自控的人。自律，它能使人明于自知，使人养成良好的行为习惯，遵纪守法、遵章守制，使人学会战胜自我，使人身心健康，使人高尚起来，建立良好的人际关系，从而让自己在职场“从心所欲而不逾矩”，顺风顺水万事如意。

自律是一种美德，自制是一种策略，唯有自律自制，才能不断修正人生的方向，抵达成功的彼岸。

5　用自信打造全新的自我

自信是成功的第一秘诀。

——爱默生

自信是所有成功者都拥有的品质，是成功的基石，是成功的第一秘诀。一位成功学家曾说：“你的成就大小，往往不会超出你自信心的大小。假如你对自己的能力没有足够的自信，你也不能成就重大的事业，不期待成功而能取得成功的先决条件，就是自信。”

蜚声世界影坛的意大利著名电影明星索菲亚·罗兰之所以能够成为令世人瞩目的超级影星，和她对自己价值肯定以及强烈的自信是分不开的。为了生存，以及对电影事业的热爱，16 岁的罗兰来到了罗马，想在这里涉足电影界，没想到，第一次试镜就失败了，所有的摄影师都说她够不上美人标准，都抱怨她的鼻子和臀部。没办法，导演卡洛·庞蒂只好把她叫到办公室，建议她把臀部削减一点儿，把鼻子缩短一点儿。一般情况下，许多演员都会对导演言听计从，可是，小小年纪的罗兰却非常有勇气和主见，拒绝了对方的要求，她说：“我当然懂得我的外型跟那些已经成名的女演员颇有不同，她们都相貌出众，五官端正，而我却不是这样，我的脸毛病很多，但这些毛病加在一起反而会更有魅力呢！我要保持我的本色，我说什么也不会改变自己！”正是由于罗兰的坚持，使导演卡洛·庞蒂重新审视，并真正认识了索菲亚·罗兰，开始了解并欣赏她。罗兰没有对摄影师们的话言听计从，没有为迎合别人而放弃自己的个性，没有因为别人的轻视而丧失信心，所以她才得以在电影中充分展示她那与众不同的美，后来荣获奥斯卡最佳女演员金像奖。所以，别人看得起，不如自己看得起。只有相信自己的价值，充分认识自己的长处，才能保持奋发向上的劲头。

自信就是自己信得过自己，自己看得起自己。自信能够成功，成功的可能性就大为增加。你如果自己心里认定会失败，就永远不会成功。没有自信，没有目标，你就会失去主见，一事无成。相反，有了自信，我们就会坚持我们的方向，坚守我们的阵地，不管遇到什么困难、什么阻碍，都不会停下自己的脚步，勇往直前，不畏不惧，并最终赢得成功。

大发明家爱迪生曾经尝试用1200种不同的材料做白炽灯泡的灯丝，都没有成功。有人批评他：“你已经失败了1200次了。”可是爱迪生不这么认为，他充满自信地说：“我的成功就在于发现了1200种材料不适合做灯丝。”

自信心对一个人的成长有着相当重要的作用，它可以支持强者闯过难关，帮助弱者赢得成功。在一个人的职业生涯中，要对工作充满信心、保持热情与精力，这样才会有所成就。

在世界500强的大公司中，有多位历经磨难后获得成功的老板都说过这句类似的话：**“你相信它，你才会看见它。看见它你才能去追求它，追求它你才能得到它。”**

意思也就是说，你必须有足够的信心，相信自己有能力实现目标，然后你才会用实际行动去证明你的能力，这样你才能获得最后的胜利。

有这样一个故事：一位画家把自己的一幅佳作送到画廊里

展出，他别出心裁地放了一支笔，并附言："观赏者如果认为这画有欠佳之处，请在画上作上记号。"结果画面上标满了记号，几乎没有一处不被指责。过了几日，这位画家又画一张同样的画拿去展出，不过这次附言与上次不同，他请人们将他们最为欣赏的妙笔都标上记号，当他再取回画时，看到画面又被涂满了记号，原先被指责的地方，却都换上了赞美的标记。

世界上每个人看事情的角度是不一样的，所以绝不要企求得到每一个人的赞扬，就算是做得再完美的事情，也一样会有好事者挑出毛病来。画家的故事，就是很好的说明。如果画家在受到指责之后，沮丧不已，认为自己不行，他可能就此消沉下去，没有信心再继续从事美术创作了。但是换了一个角度后，画家的画却被人赞赏不已。可见，别人的意见只不过是参考，不是一锤定音的最终决断。所以，不要太在乎别人的说法，而要相信自己。世界上的人对任何事物，因为人的修养不同、观念不同、观察的角度不同，甚至是审美的动机不同，他们的看法都各不相同。所谓仁者乐山、智者乐水，见仁见智、各不相同。

同样的事、同样的人，常常会遇到不同的待遇，产生不同的结果，因为人世间每一个人的眼光各不相同，理解事物的角度也不尽一致。所以遇到困境要运用正确的思维方式，不要完全相信你听到的看到的一切，也不要因为他人的指责，鄙视而轻视自己，产生自卑感。要有一颗平常心，要坚定自己的信心，不受他人的意见，特别是负面东西的影响，自信而不自满，善听意见却不被意见所左右，执著但不偏执，这才是一个自信的人所应有的那种大家风范。要知道"有自信心的人，可以化渺小为伟大、化平庸为神奇"。那么我们怎么样能够使自己的意志更加坚定，信念更加顽强呢？其中有一点，就是要懂得如何排除干扰。

贝聿铭先生是世界著名的建筑学家，在他 64 岁的时候，应法国总统的邀请，参与了卢浮宫的重建工作。根据自己的设计理念，贝聿铭在卢浮宫的门口建了一座玻璃的金字塔，这座玻璃金字塔建起来以后,法国舆论一片哗然,大家恶评如潮,纷纷指责,但贝聿铭先生却坚持下来了,他认为他的审美是有道理的,这座金字塔对卢浮宫,只会增色,不会产生负面影响。结果最终证明他的判断是对的,一年以后,去卢浮宫参观的人成倍地增长,那座金字塔已经成为卢浮宫新的一景。

假如贝聿铭先生,因为大家众口一词的反对,就赶快撤掉,就放弃自己的这么一个建筑构思,那将是一种怎样的损失与遗憾呢?

要排除他人的干扰,需要重点把握的地方,就是不要迷信权威。权威,对我们来讲有两重意义:一方面权威是某个方面的专家,他的话往往带有一定的指导性;另一方面,权威其实是压抑我们创新的一种阻力。因为权威说过的话,就会让我们感觉到没有自信,这是我们不应该有的思想,要知道权威曾经说过的话,也不见得是正确的。有时候,我们的自信心往往就被一些权威人物的只言半语而轻易否定,这是非常不值得的。**自信,就必须克服对权威的迷信。**

自信是激励自己奋发进取的一种心理素质,自信的人永远相信,自己就是最优秀的那一个人,自己一定可以取得成功。这种信心让他们拥有无尽的热情和永不退缩的精神,并最终取得成功。

6 在自省中汲取前进的动力

见贤思齐焉,见不贤而自内省也。

——孔子

孔子说:“见贤思齐焉,见不贤而自内省也。”意思是说,看到别人的优点,就要设法使自己也具有同样的优点,看到别人的缺点,就要反思自己,看自己是否也存在类似的缺点。曾子说:“吾日三省吾身。”从古至今,很多有成就的人,都注意随时省察自己的内心,以是克非,从而不断取得进步。

世间人不管是谁,就算学问再大、职位再高,也不可能没有缺点,不犯错误,百分之百永远正确。自省,就是要经常运用批评和自我批评这个锐利的武器,开展积极的思想斗争,坚持真理,修正错误。自省是一种境界、一种态度,是对自身价值的真正肯定。自省是一种思想境界和觉悟的高度体现,也是人品人格自我提升的表现。

1995年,Inter浪潮方兴未艾。面对Inter的诱惑与挑战,微软公司的一位董事曾就公司的Inter策略问题征询比尔·盖茨的意见:“我们为什么不多做一些与Inter相关的工作呢?”当时,比尔.盖茨用近乎揶揄的口吻回答说:“这是一个多么愚蠢的建议呀!Inter上的所有东西都是免费的,没有人能赚到钱。”

但当比尔·盖茨宣布微软不会涉足Inter领域后,许多员工提出了尖锐的反对意见。不少员工直接发信给比尔说,这是一个错误的决定。当比尔·盖茨意识到自己的决定并没有得到大多数人支持后,他花了大量时间重新认识和理解Inter产业,最终,他承认自己此前的决定是武断和错误的。

为了扭转公司的方向,比尔·盖茨亲自撰写了《互联网浪潮》这篇著名的文章。同时,他把许多优秀员工调到Inter部门,也因此取消和削减了许多与Inter无关的产品。那些曾经直言劝谏的员工不但没有受到处分,而且还被委以重任,逐渐成为公司重要部门的管理者。结果,微软公司很快成为了Inter领域的领跑者。

在瞬息万变的软件行业里,自省的精神、直接的沟通、宽大的胸怀以及自我修正的魄力才可以临危不乱——从这个意义上说,正是盖茨的自我反省拯救了微软公司。

自省是一种境界、一种态度,是一个错误的终止和一个正确的开始。

一次,一位下属因经验欠缺而使一笔贷款难以收回,松下幸之助勃然大怒,在大会上狠狠地批评了这位下属。

事后,仔细一想,松下为自己的过激行为深感不安。因为那笔贷款发放单上自己也签了字,下属只是未摸准情况而已。既然自己也应负一定的责任,那么就不应该这么严厉地批评下属了。想通之后,他马上打电话给那位下属,诚恳地道歉。恰巧那天下属乔迁新居,松下幸之助得知后便立即登门祝贺,还亲自为下属搬家具,忙得满头大汗。而且,事情并未就此结束。一年后的这一天,这位下属收到了松下的一张明信片,上面留下了一行亲笔字:“让我们忘掉这可恶的一天吧,重新迎接新一天的到来!”看到松下的亲笔信,这位下属感动得热泪盈眶。

自省,最难做到的就是客观公正地认识自己,不留情面地解剖自己。做到这一点,首先需要勇气,要敢于面对自己的缺点和不足。谢觉哉、吴玉章两位老共产党员正是勇于自省的典范。

1943年5月1日,谢老60岁生日,他谢绝一切亲朋好友祝寿,关起门来反躬自省。他在《六十自讼》的日记中写道:“行年五十,当知四十九年之非;那么行年六十,也应该设法弥补五十九年的缺点。”“假如我以前更加努力些,特别是入党以后,我的成就也许要大些。”

吴玉章老人既是我们党的学界泰斗,也是严格自省的楷模。他81岁生日时,还一丝不苟地为自己写下一篇《自省座右铭》:“年过八一,寡过未解,东隅已失,桑榆未晚。必须痛改前非,力图挽救,戒骄戒躁,毋怠毋荒,谨铭。”两位老前辈高尚的自省精神,着实令人敬佩。

自省应是自觉的,而不是表面应付的;应是主动的,而不是被动的。人非圣贤,孰能无过?有了过错就必须诚实地面对它,反省它。但是,反省本身有时是一件非常痛苦的事情，它需要勇气，它要求自剖隐痛，有时还事关人格与尊严。尽管如此，要自觉地把不便说的说出来，把不便写的写出来，然后扪心自问：我为什么会这样？如何更正？惟有如此，人才可以完善自己，才可以提高自己，才可以塑造理想的人格。**“见人有片善，早去仿学他，盖不见其人之可责，惟责己也”。**

懂得自省的人更容易得到他人的信任，更容易赢得真正的朋友；反之，不懂得自省、不知道承认错误的人既无法得到他人的谅解，也无法让自己真正融入到社会之中。

一个学会了反省的人，就能在不断的反省中汲取前进的动力，世界上再没有任何艰难险阻可以妨碍他走上成功的道路。

7　带着感恩的心去工作

滴水之恩，涌泉相报。

——《增广贤文》

感恩让我们学会反思，学会珍惜，学会宽容，学会进取。

羔羊跪乳，乌鸦反哺，动物尚且懂得感恩，何况作为万物之首的人类呢？我们从家庭到学校，从学校到社会，最重要的一点就是要拥有感恩之心。要知道，在我们感谢别人的时候，不但丰富了他人的生活，而且也丰富了我们自己的生活。

现在感恩已经成为一种被广泛认同的职业精神。感恩既是一种良好的心态，又是一种奉献精神，当你以一种感恩图报的心情工作时，你会工作得更愉快、更出色。相反，如果失去感激之情，你就会马上陷入一种糟糕的境地，对许多客观存在的现象日益挑剔甚至不满。如果你的头脑被那些令你不满的现象所占据，你就会失去平和、宁静的心态，并开始习惯于注意并指责那些琐碎、消极、猥琐、肮脏甚至卑鄙的事情。放任自己的思想去关注阴暗的事情,你自己也就变得阴暗,并且,从心理上,你会感觉阴暗的事情越来越多地围绕在你身边,让你难以摆脱。但是如果你能让自己保持一颗感恩的心,把自己的注意力全部集中在光明的事情上,你将会变成一个积极向上的人,一个大有作为的人。

怀着感恩的心工作你就会在意你的工作;在意你的老板、同事等,知道感恩的人,他的为人处世是主动积极、敬业乐群的,未来的前途不可限量。他们会真心地感谢周围的人,包括公司、老板、同事、客户,一切应当感谢的人。感谢公司为自己提供了工作的机会,感谢老板对你的信任,感谢同事对你的帮助,感谢客户的支持。感恩其实也是一种生活的智慧,一种处世的哲学,一种感恩的心态可以改变人的人生态度、工作态度。

哈佛大学毕业的华裔张小姐就业于美国邮政服务公司,与她相处过的同事都对她的微笑、善良和勤劳有深刻的印象。几乎每一个和她相处过的人都成为她的朋友。

有人不解,就问张小姐有什么和人相处的秘诀。

张小姐微笑着说:"一切应该归功于我的父亲,很小的时候他就教导我,对周围任何人的赋予,都应该抱有感恩的心情,永远铭记,而尽快去忘记那些不快。

"我幸运地获得了这份工作,有很多友善的同事,上司对我的要求很严格,但是私人生活方面对我却很照顾,所有的这一切,我都铭记在心,对他们心存感激。

"一直带着这种感激的态度去工作,很快我就发现,一切都美好起来,一些不快也很快过去。我工作得很顺利,大家都很乐意帮助我。"

是的,同事更愿意帮助那些知恩图报的人,领导也更愿意提携那些一直对公司抱有感恩心情的员工,因为这些员工更容易相处,对工作更热情,对公司更忠诚!

菲利普公司在一次招聘中两个年轻人脱颖而出，最后主考官单独约见了他们，问了他们同一个问题："你觉得以前你工作的那个公司怎么样？"一个面试者抱怨说："糟透了，同事们像一群吵闹的母鸡，主管简直就是一头嚎叫的驴！真难以想象我在那里是怎么度过了两年！"

另外一个面试者说："虽然是一家很小的公司，管理得也不是很规范，不过在我工作的那段时间里，学到了不少的东西，现在才有勇气坐在这里，我很感激原来工作的公司。"

最后录取的，当然是后者！

有些员工常常为一个陌生人的点滴帮助而感激不尽，却无视朝夕相处的让自己衣食无忧的企业与老板的种种恩惠，在有意无意当中把公司、把企业给予的一切当作是理所当然，甚至有时候还心生怨恨。

这其实是走入了自己思想的误区，没有认识到其实老板、同事和上司也是我所应当感激的人。

许多人总是对自己的老板不理解，认为他们不近人情、苛刻，甚至认为可能会阻碍有抱负的人获得成功。事实未必如此。同情和宽容是一种美德，如果我们能设身处地地为老板着想，抱着一颗感恩的心，或许能重新赢得老板的欣赏和器重。

所以，在职场中不管做任何事，都要把自己的心态放平，抱着感恩的态度，不要计较一时的待遇得失。不论做任何事都能甘心情愿、全力以赴，当机会来临时才能及时把握住。千万不要怨天尤人，觉得别人都没有给过你什么，而要问问自己为别人做了什么，付出了什么。

有位哲学家说过，**世界上最大的悲剧或不幸，就是一个人大言不惭地说，没有人给我任何东西。**这样的心态，怎么可能享受到幸福和快乐，体会到生活的美好和工作的快乐呢？

有位中学生和母亲吵架后，负气离家出走。由于匆匆出走，未带分文，饥寒交迫，难以度日。几经挨饿受冻后，不得不栖身在一家面店旁,以乞求的眼光希望面店的老板能赏碗面吃。老板很有慈悲心,见状立即煮碗热腾腾的面给他吃,他非常感激老板。老板却说,煮一碗面给你吃没有什么好感谢的。你要感谢的是从小到大每天都煮饭给你吃的母亲,不可随便离家出走以免家人担心!

在老板的开导下,他终于体会到母亲的伟大,出走是不对的。于是他连面也没吃就飞奔回家,远远见到母亲着急的神情,一下子就跪在地上向母亲忏悔了!

心存感恩的人,才能收获更多的人生幸福和快乐,才能摒弃没有意义的怨天尤人。心存感恩的人,会朝气蓬勃,豁达睿智,好运常在,远离烦恼。怀着一颗感恩的心来面对身边的人和物,我们会突然感到原来世界是如此的美好。怀着感恩的心去工作,我们才能感受到真正的幸福,取得最终的成功。

8 不断学习,努力进取

人,只要有一种信念,有所追求,什么事都能忍受,什么环境也都能适应。

——丁玲

积极进取是一种人生态度,更是一种做事方法。积极进取主要强调每个人对自我的正确认识、对周边环境的正确对待、对人生道路的信心和希望。

人的一生,困难和挫折在所难免。有着积极进取精神的人,是绝不会被困难吓退,被挫折打倒的。马锦学戏的故事就说明了这样的道理。

在明朝末年,作为陪都的南京城十分繁华,仅曲艺班子就有好几十个，其中有两个最有名气：一个是兴化班，一个是华林班。

有一天，徽州帮大商人举行盛大宴会，遍请南京全城的贵客文人，并让兴化班和华林班唱对台戏助兴。兴化班在席东，华林班在席西，同时演出《鸣凤记》。开头，东、西两班乐器铿锵，歌声悠扬，不分上下。当演到相国严嵩时马锦演得平平常常，没有什么味道，而西台上扮演严嵩的人却演得出神入化，活灵活现，异常精明。于是，东席的观众纷纷面向西台，为西台喝采，有许多的人干脆把座位移到西台面前去了。过了一会儿，东台的兴化班还没有把这出戏唱完，便停锣息鼓，早早收场了。原来，马锦感到自己演技平平，没有再演下去。

随后他离开了兴化班。从此只剩下华林班在南京独享盛名。其实，马锦并不是逃避。他在遭受如此大的挫折以后，感到脸上无光，但对戏一点也没有灰心丧气，而是立志要哪儿跌倒从哪儿爬起来。他积极进取，决心把这口气争回来。他听说当时的宰相顾秉谦是和严嵩一样的人物，便跋涉千里，从南京跑到北京，托人介绍，给顾秉谦当上了仆人。马锦每天侍候顾秉谦，仔细观察他的行为举止，琢磨他说话的语气声调，一有机会，就暗暗地揣摩。就这样，他苦苦地下了三年工夫，把顾秉谦的风度举止，一言一行，一举一动，全都琢磨熟了，以此为基础，他又演严嵩，结果演得非常成功，最后终于又与华林班对演，战而胜之，让兴化班独占了鳌头。

不管是怎样天纵英明的天才，也一样会遇到挫折。只有采取积极进取的态度，吸取教训，克服困难，战胜挫折，才能获得成功。

对于员工而言，积极进取的品质是成为一个优秀员工的前提。因为在这样一个竞争激烈的时代，安于现状、不思进取的人是不可能找到自己的位置的，稍有懈怠就有可能被挤出，被淘汰。

在职场，只有主动工作、积极进取的员工，任何时候也不放弃，才可以尽快在职场中找到自己的位置,并获得成功。

一位电台主持人在自己的职业生涯中遭遇了18次辞退,她的主持风格被人贬得一文不值。最早的时候,她想到美国大陆无线电台工作。但是,电台负责人认为她是一个女性,不能吸引听众,理所当然地拒绝了她。

她来到了波多黎各,希望自己有个好运气。但是她不懂西班牙语,为了熟练地掌握这门语言,她花了3年的时间。但是,在波多黎各的日子里,她最重要的一次采访,只是有一家通讯社委托她到多米尼加共和国去采访暴乱,连差旅费也是自己出的。

在以后的几年里,她不停地工作,不停地被人辞退,有些电台指责她根本不懂什么叫主持。

1981年,她来到了纽约的一家电台,但是很快被告知:她跟不上这个时代。为此,她失业了一年多。

有一次,她向一位国家广播公司的职员推销她的访谈节目策划,得到他的肯定。但是,那个人后来离开了广播公司。她只好再向另外一位职员推销她的策划,这位职员对此不感兴趣。她找到这位职员,要求他雇用她。此人虽然同意了,但他却不同意搞访谈节目,而是让她主持一个政治节目。

她对政治一窍不通,但是她不想失去这份工作。于是她"恶补"政治知识……

1982年的夏天,她的以政治为内容的节目开播了。凭着她娴熟的主持技巧和平易近人的风格,节目期间听众可以打进电话来讨论国家的政治活动,包括总统大选。

这在美国的电台史上是无先例的。

她几乎在一夜之间成名,她的节目成为全美最受欢迎的政治节目。

她叫莎莉·拉斐尔。现在的身份是美国一家自办电视台节目主持人，曾经两度获全美主持人大奖。每天有800万观众收看她主持的节目。

在美国的传媒界，她就是一座金矿，她无论到哪家电视台、电台，都会为他们带来巨额的回报。

莎莉·拉斐尔说："我平均每一年半，就被人辞退一次，有些时候，我认为这辈子完了。但我相信，上帝只掌握了我的一半，我越努力越是坚持，我手中掌握的那一半就越庞大，有一天，我终于赢了上帝。"

"我赢了上帝"这句话曾经作为标题，出现在美国的许多媒体上，包括国家电台对她的一个访谈录。

心态决定一切，只要你永不放弃，积极努力，勇往直前地向着自己的目标前进，上帝也会输给你，上帝也必然用成功作为对你的回馈。

积极进取的员工也是好学上进的员工，因为学习才能进步，学习才能发展。好学上进的人也是谦虚、进取和乐业的人，有"空杯心态"的人。

面对新的竞争环境，"终生学习"成了未来社会每个人生存和发展的必需，只有不断更新自己的知识结构，使自己永远站在知识的前沿，永远流淌着时代的活水，才是职业常青的保证，也才是能在这个瞬息万变的环境里生存下去的保证。

学历只代表过去，只有不断学习才代表将来。一个出色的员工，必定是一个善于学习的员工。

有非凡的进取心的员工是永远不会忘记学习的。因为他们明白，职业生涯的每一个驿站，都需要不断充电来面对下一个冲刺。不学习，就会被淘汰；不学习，就会被抛弃。所以，唯一的选择只能是学习、学习再学习！

积极进取，不断学习是一种态度，更是一种文化；是一种方法，更是一种哲学，一个善于学习的民族才能不断超越，强大富有；一个善于学习的企业才能做大、做强、做久；一个善于学习的人才能不断进步，职业常青。

也许,我们的人生旅途上沼泽遍布,荆棘丛生;也许,我们追求的风景总是山重水复,不见柳暗花明;也许,我们前行的步履总是沉重、蹒跚;也许,我们需要在黑暗中摸索很长时间,才能找寻到光明;也许,我们虔诚的信念会被世俗的尘雾缠绕,而不能自由翱翔;也许,我们高贵的灵魂暂时在现实中找不到寄放的净土……但是,只要我们有积极进取的品质和不怕困难的勇气,不断学习,不断前进,我们一定会最终收获到那枚叫做成功的果实。

哲理 2　工作绝不是为别人做的

聪明的员工明白，工作绝不是为别人或是为薪水做的，工作是为自己做的。努力工作，表面上看是为了老板，为了企业，其实是为了自己。因为努力工作的人能从工作中学到比别人更多的经验，而这些经验便是我们向上发展的垫脚石。这是再浅显不过的道理，却需要我们用心去理解、去诠释、去行动。

1 工作绝不是为别人做的

不管你在哪里工作，都别把自己当成员工——应该把公司看做是自己开的一样。

——安迪·葛洛夫

在日常工作与生活中，我们常常会听到很多人这样说：

"我不过是在给企业打工！"

"我为企业干活，企业给我工资，我对得起自己的工资。"

"一个月就给我这么一点钱，凭什么让我做这做那？！"

"给我多少钱，就干多少活。"

"这不是我的事情，你找别人去做吧。"

"这是企业的事，差不多就得了。"

"企业的事情能推就推，因为做得越多，错得越多。"

"这不是我分内的工作，我才不干呢！"

在很多场合，我们都能听到有人讲这些话；而说这些话的，大多数是年轻人。他们本来有着丰富的知识、不错的能力，却由于生活在不断的抱怨中而常常必须面临如何找到下一份工作的窘境。

这样的人到处都有，他们最大的误区就是始终抱着"我不过是在给别人打工"的思想。他们认为：工作就是一种简单的雇佣关系，做多做少，做好做坏，和自己没有多大的利害关系。这样的工作观念让太多的年轻人错失了人生中一次又一次的宝贵机会，甚至等到头发都白了，依然在不断地埋怨自己所在的企业。这种人注定是不会有多大发展的前途的。

只有聪明的员工明白，工作绝不是为别人干的，更不是为薪水干的，而是为自己干的，为自己的未来和前途干的。这样的员工，总是比别人有更多的晋升机会,有更大的发展空间。

莫里森是微软公司卓越的经理人,他上任几年,创造了一个又一个佳绩。有一个朋友笑他:“你去年为什么要翻三番呢?翻一番不就好了吗?如果今年翻一番,明年再翻一番,那翻三番不就能混三年嘛?你这样辛苦,赚得大把的钱都跑到老板的腰包里去了。微软又不是你自己开的,最后受益的仍然是老板。”

莫里森微笑着告诉他的朋友:“我们的工作不只是追求一份薪水,虽然我是职业经理人,但也要把工作当成自己的事业来做。我不仅希望它能翻三番,我还希望它能跳多远就跳多远。因为这上面不仅反映的是老板的利益,同时也是我的价值。”

优秀聪明的员工,比谁都明白工作是为自己做的,工作的最大受益者是自己。只有把企业的事情当成自己的事情好好做时,自己才有成就感,也才能够不断地提升自己的价值,完备自身的各方面能力,使自己越来越成熟。

英特尔前任总裁安迪·葛洛夫在一次演讲时说过:“不管你在哪里工作,都别把自己当成员工——应该把公司看做是自己开的一样。”事实上,只有如此,你才能学到真正的本领,成为最终的受益者。

我们每个人其实都应该问问自己到底在为谁工作?为什么工作?难道工作就仅仅是让老板看,然后从他那里换取每个月的工资吗?

你不是在为企业打工,也不是在为老板打工,而是在为自己工作。因为工作不仅让你获得薪水,更重要的是,它还教给你经验、知识,通过工作,能够提升你自己的能力,从而使你变得更有价值。

每个人的工作其实都是为了自己,为了自己的事业,为了自己的幸福,为实现和提升自己的价值。只有对自己的工作目的有了正确的认识,才能以饱满的热情、自动自发的工作态度、积极的开拓进取精神、顽强拼搏的斗志投身到工作中去,才能实现自己的人生梦想和职业目标。

2 敬业的最大受益者就是你自己

敬业是一种心态，也是一种人生态度。

——职场箴言

敬业的员工无论干什么工作都是最受老板青睐的员工，也是最容易得到提升的员工，所以每个人在工作时都应该做到敬业，这不仅是对企业、对老板的负责，更是对自己前途的负责，敬业让你备受青睐，敬业让你成为出类拔萃的人！

有一个天才面包师，自打一生下来，就对面包有着无比浓厚的兴趣，闻到面包的香气就如醉如痴。

长大后，他如愿以偿地作了面包师。他做面包时，要有绝对精良的面粉黄油；要有一尘不染、闪光晶亮的器皿；打下手的助手要聪明能干；伴奏的音乐要称心宜人，四个条件缺一不可。否则酝酿不出情绪，没有创作灵感，就做不出优质的面包，他的这种敬业精神甚至被人认为他发了疯。

他完全把面包当作艺术品了，哪怕只有一勺黄油不新鲜，他也要大发雷霆，认为那简直是难以容忍的亵渎。哪一天要是没做面包，他就会满心愧疚：馋嘴的孩子和挑剔的姑娘只能去购买那些粗制滥造的面包了。他从来不去想今天少做了多少生意，然而他的生意却出人意料地好，盖过了所有比他更聪明活络、更迫切赚钱的人，他成为最有名气的面包大师。

只有敬业才是成功的世间的许多事情就是如此，只有当你专心致志、兢兢业业地做一件事的时候，成功才会青睐你。

事实证明，敬业的人能从工作中学到比别人更多的经验，而这些经验便是你向上发展的阶梯。就算你以后更换了工作,从事不同的职业,丰富的经验和好的工作方法也必会为你带来强有力的帮助,你所从事的任何行业都会极容易获得成功。

一名员工工作的过程同时也是一个提升自我的过程。如果你不能在工作中完善自我,则如同逆水行舟不进则退,你会掉队,跟不上时代的发展,更确切地说,你就不能为公司创造价值。不能给老板带来效益的员工在公司里是没有立足之地的。

工作中每一次任务都是我们发展的机遇。工作是为了给公司创造利润,同时也是为自身求发展。敬业的表面是为公司,实则是为自己,那些热爱工作,为公司尽职尽责的人是最幸运的,因为他们已经获得了生命最高的奖赏。

敬业是为企业,但更大的收益者还是自己。如果你能够认识到,我是在为我自己工作,那么你将会发现工作中包含着许多个人成长的机会,这些无形资产的价值,是无法衡量的。最终受益者是你自己,为老板干就等同于为自己干。

相反,那些不懂得敬业的员工,总认为自己辛苦工作都是为了公司为了老板,甚至认为是老板剥削了他的劳动,认为世界不公平,每天都在抱怨中,抱怨公司老板太抠门、没有人情味;抱怨工作时间过长没有休息的时间;抱怨工资太低;抱怨自己得不到重用,怀才不遇、抱怨自己得不到想要的东西……在工作中就会马马虎虎,敷衍了事,从来不会去努力做到最好,结果只能是最终被踢出局,被淘汰,被抛弃。

没有敬业精神,就不可能把工作做好,做不好工作,又如何会有提拔晋升的机会?没有机会,又怎么能发挥你的才能,实现你的梦想呢?一个缺乏敬业精神的人,一个不珍惜工作机会不努力工作的人,一个认为工作就是为老板赚钱的员工,实际上是在向自己成功的路上自设路障,最终损害的,也只能是自己。

3 不要只是为薪水工作

避谈金钱是一种虚伪，只谈金钱是一种浅薄。

——汪中求

一个人如果只为了挣高工资才去工作，毫无理想与抱负，对工资以外的其他任何事情都毫不在意与关心的话，他是很难快速提高工作能力和增长工作经验的。随之而来的，当然是发展机遇的不断丧失，成功也就会离他越来越远。反之，如果一个人专注于自己的工作，将工作做得比其他人更加完美，并不计较工资的高低，认为只要自己努力工作，终究会得到相应的回报，那么这个人一定会在最短的时间内得到最快的发展。

如今很多人，特别是年轻人在找工作之前，最为关心的事就是工资的多少。假如哪个企业的工资比较高，那么前来应聘的人肯定会特别多；工资较低，则很少有人问津。

事实上，由一个人对待工资的态度，就能看出他将来是否能够成功。假如你工作只是为了工资，而毫无别的较高的目标可言，那么，你的发展就很难有所突破。也可以这样说，你肯定不会取得太大的成就。假如你是一个不计工资高低的人，为任何工作都愿投入你全部的精力来将其做得更加完美，更重视一些内在的修炼和从培养自己的能力为出发点，那么恭喜你，你已经意识到这一点并切实地去做，这说明成功正在向你走来。

有一天，铁路职工大卫·安德森和他的同事们正在路基上工作，这时，他的老朋友——公司总裁吉姆·墨菲突然前来此处视察工作。他们俩非常高兴地交谈了长达一个多小时，然后愉快地握手道别。

他很快被他的伙伴们围住了，伙伴们对于他是公司总裁的朋友的事备感惊奇。他说，他和吉姆·墨菲是 20 多年前，一同为这条铁路工作的同事。

一个伙伴感慨地说："真想不到你还待在这里，而吉姆·墨菲却成了总裁！"听了此话，他若有所思地回答说："在当时，我工作是为了一小时 1.75 美元的工资；可吉姆·墨菲不是，吉姆·墨菲工作是为这条铁路。事情就是这样。"

不必惊诧，其实，成功与失败之间，就是如此简单。

对于那些刚进入社会的年轻人而言，薪水的高低无须考虑太多，要考虑的是这个工作本身给你带来的隐性回报，比如增长你的能力、提高你的社会经验、升华你的管理才能和人格魅力……与你在工作中获得的技能与经验相比，薪水是多么微不足道啊！老板付给你的是金钱，工作本身回报给你的则是金钱买不到的让你终身受益的东西。

大多数人在选择工作的时候，通常都会问一些十分现实的问题，比如工资多少、工作时间的长短、有哪些福利、假期多少和何时加薪等。

但其中最为重要的一个因素，有九成以上的人却都忽略了，那就是"我为何要去工作？是为了薪水，还是为了培养自己的能力呢？"

如果一个人整天都在为自己到底能拿多少薪水而大伤脑筋，那么这个人是不可能看到薪水背后的工作本身给他带来的财富的，也不可能意识到从工作中获得的技能和经验对他有怎样的影响。他把自己无形中困在了装有薪水的信封里，他始终也没有搞懂自己真正的需要是什么。

有这种思想的人是很难走出平庸生活的。作为成功者，他必须是一个有心人，他只把工作得到的薪水看做是一小部分的收入，他看到的是工作本身带给他的学习机会以及自己在工作中成长的过程。**比薪水更重要的是品质的塑造，是能力的提高，是人格魅力的提升。**

人的能力与金钱是不能相提并论的，能力不会遗失也不可能被偷走。那些成功者具有的创造能力、决策能力以及敏锐的洞察力着实让人羡慕，可是，这种能力他们也不是天生就拥有，他们也是通过长年累月在学习和工作中积累得来的。应该说,这种能力是职业赋予人的最宝贵的回报。

在现实生活中,那些为工资而工作的人们把非常重要的一点给忽略了,那就是无论是提升职务还是加工资都需要一个坚实的基础,就是在不计较工资高低的情况下,最大限度地要求自己将工作做得更好。

4 像热爱生命一样热爱工作

如果你视工作为一种乐趣,人生就是天堂;如果你视工作为一种义务,人生就是地狱。

——洛克菲勒

明白工作不是为别人而是为自己做的人,就会热爱自己的工作。敬业的前提条件是要热爱你的工作,要是你不喜欢也不热爱你的工作,在工作的时候没有饱满的激情,你的敬业精神也就无从谈起。而是一旦拥有热情,像热爱生命一样热爱工作,就可以创造出奇迹。

法兰克·贝特格——一个被全世界保险公司推销员敬仰的推销之王,他半路起家从一无所知到"推销之神",从最初的破落、失败走向无人匹敌的成功,成就了一个又一个的职场奇迹……

他的一生充满了辉煌与传奇,一切奇迹的创造都依赖于他对工作认真负责和极度热情,那种用100%的热情做1%工作的超高热情。而这一切都要从他18岁成为职业棒球手时说起。

18岁时,贝特格开始转为职业棒球手,开始时他还引以为豪,但没多久便遭遇了一生中的最大打击——被球队经理人开除。临走时,经理人的话让他牢记一生也受益终身:"你整日慢吞吞的,根本不适合在球场上打球。记住,无论你以后做什么事,都要提起精神来拿出热情来,否则,你就不会知道什么是责任,倾其一生也还一事无成。”

离开棒球队后,一无所长的贝特格只得去了宾州一个级别很低的切斯特棒球队,和约翰斯顿队的 40 美元周薪相比,这份只有 5 美元的工作更让他更加提不起精神。业余时,贝特格准备参加当时全美最低级的联赛,一旦参加这样的赛事就会给自己的棒球生涯抹下污点,为了维持生计,他也顾不得这么多了。

幸运的是,就在贝特格准备报名时,老队员丹尼成功说服了他,并把他举荐到康州的纽黑文球队。一到那里,贝特格就被热情奔放的队员感染了,从那时起,他就立志成为一个有热情的球员。

此后,贝特格开始为自己的热情而奋斗,每天向不知疲累的铁人一样练习速度、球技和动作,三个月后,他迅速而有力的投球竟能把接球手的手套震落。之后,在一次棒球联赛中,纽黑文球队遭遇了创队以来实力最强劲的对手。

那天,超高的气温烤得所有队员体力严重透支,双方比分也是近乎持平,在双方队员都疲于奔命时,极大的热情支撑着贝特格精神气十足,在最后几分钟里抓住对方接球手连续几次的失误,迅速猛攻对方主垒,从而赢得了关键性的三分,为球队获胜立下了汗马功劳。

从此,他的薪水涨到了每月 37 美元,比三个月前在切斯特球队所领薪水的七倍还要多。

五年后,贝特格以辉煌成绩结束了他引以为傲的棒球手生涯,开始推销生涯的神奇之旅。凭借对所做工作的热情,贝特格依旧很快取得惊人的成功,年仅 29 岁就被誉为“国际大师级的推销员领袖”。

热情是世界上最大的财富——**热情能摧毁偏见和敌意,能摒弃懒惰、**

扫除障碍，能创造一切。

我们的生命，就像是一个火柴盒，热情就是里面藏有的根根火柴。每当我们点燃一根，虽然盒子里减少了一根，但也发出了光和热。善用火柴的人，能点燃起一片灿烂的烛光，一堆熊熊的篝火；不善用火柴的人，盲目或过早地划了火柴，结果却举措失当，白白浪费。而那些最不懂利用的人，则使火柴浸湿、损耗，划不出一丝火星。生命中的职业就是能让火柴盒里的火柴能够运用自己潜质、燃烧起熊熊大火的功能和形式，生命因职业而具有意义，因工作而精彩，热爱工作其实也就是在热爱生命。

其实，任何人都有可能不得不做一些令人厌烦的工作。即使给你一个很好的工作环境，但如果总是一成不变的话，任何工作都会变得枯燥乏味。许多在大公司工作的员工，他们拥有渊博的知识，受过专业的训练，有一份令人羡慕的工作，拿一份不菲的薪水，但是他们中的很多人对工作并不热爱，视工作如紧箍咒，仅仅是为了生存而不得不出来工作。他们精神紧张、未老先衰，工作对他们来说毫无乐趣可言。

可见，一件工作有趣与否，取决于你的看法，对于工作，我们可以做好，也可以做坏。可以高高兴兴和骄傲地做，也可以愁眉苦脸和厌恶地做。如何去做，这完全在于我们。所以只要你在工作，何不让自己充满活力与热情呢？

每一个员工都应该学会热爱自己的工作，即使这份工作你不太喜欢，也要尽一切能力去转变，去热爱它。并凭借这种热爱去发掘内心蕴藏着的活力、热情和巨大的创造力。事实上，你对自己的工作越热爱，决心越大，工作效率就越高。

当你抱有这样的热情时，上班就不再是一件苦差事，工作就变成了一种乐趣，就会有许多人愿意聘请你来做你更热爱的事。如果你对工作充满了热爱，你就会从中获得巨大的快乐。

设想你每天工作的 8 小时，就等于在快乐地游泳，这是一件多么惬意的事情！

当你每天都从这样的心境和态度对待工作,那你的工作又何愁不出色,你的事业又何愁不成功,你的人生又何愁不精彩呢?

亨利·欧萨,他让许多不能说话的人重新说话,让许多不能走路的人过上正常的生活,让许多看不起病的人得到了医疗保障,他的公司拥有 10 亿美元以上的资产,这不仅由于他的努力,也源于他的慷慨和仁慈,他对工作的无限热情,他的这种热情都源于母亲对他的教诲。

他的母亲名叫玛丽,她在工作一天后,总会抽出时间帮助那些不幸的人。她叮嘱儿子:"亨利,任何人如果不工作就没有价值,我留给你的是一份无价的礼物:快乐工作。"

欧萨说:"我的母亲最先教给我要学会热爱和关心他人,教我学会快乐工作。她常常说,热爱人和为人服务是人生中最有价值的事,带着热情和兴趣去工作,才能得到工作的快乐。"

说的多好啊,如果你能带着热情和兴趣去工作,那么,你就不会感受到工作的辛苦和单调。即使给你再多的工作量,延长你更多的工作时间,你也不会觉得疲劳,因为兴趣会使你的整个身体充满活力。

一个人应该试着将自己的爱好与所从事的工作结合起来,不能无所事事地终老一生,无论做什么,都要真心热爱自己所做的事,做到乐在其中。

成功者总是喜欢工作,他们把工作中的喜悦传递给他人,使大家不由自主地接近他们,乐于与他们相处或共事。人生最有意义的就是工作,要把与同事相处看成是一种缘分,把与顾客、生意伙伴的见面当成是一种乐趣,这样才能快乐的工作。

只有通过工作,才能生活得更加愉快;只有在工作中找到兴趣,能动性的去工作,工作才是件快乐的事。

工作是一个施展自己才能的舞台,我们所学来的知识,我们的应变力、决断力、适应力以及协调能力都将在这样的一个舞台上得到展示。除了工作，没有哪项活动可以提供如此高度的充实自我、表达自我的机会。

热爱工作就是热爱生命，就是对自己负责。工作的确是件累事，但我们可以从工作中释放自己的热情，释放自己的能量，释放自己的智慧，来获取一份快乐一份成功，像热爱生命一样热爱工作，工作一定会出成就。

5 对工作投入100%的热情

对工作热情的人是有无穷的力量的。

——卡耐基

爱默生说："缺乏热情，就无法成就任何一件大事。"热情是一种强劲的激动情绪，一种对工作和事业的炙热情感，它是一种积极进取的精神状态。它发自内心，又深入内心。它是一个人把全部身心都投入事业中去的基本前提，有热情才有动力，有热情才能成功。

对于一个职场人士来说，热情就如同生命一样重要。拿破仑·希尔博士说："要想获得这个世界上的最大奖赏，你必须拥有过去最伟大的开拓者所拥有的、将梦想转化为现实的献身热情，以此来发展和销售自己的才能。"成功的人和失败的人在技术、能力和智慧等各方面的差别通常并不很大，但是就算两个人各方面条件都差不多，具有热情的人将更容易如愿以偿。因为从某种程度上说，热情比智慧更重要。凭借热情，你可以把工作变得生动有趣，使自己充满活力；凭借热情，你可以释放出巨大的潜能，发展自己坚强的个性。

比尔·盖茨曾经说过："每天早晨醒来，一想到所从事的工作和所开发的技术将会给人类生活带来巨大的影响和变化，我就会无比兴奋和激动。"成功大师卡耐基认为："对工作热情的人具有无穷的力量。"亨利·福特说："我喜欢热情的员工，他的热情会激发顾客的热情，这样生意就做成了。"艾柯卡说："对任何事都热情的人，做任何事都会成功。"

热情是敬业的源动力，热情是点燃卓越的熊熊烈火。用100%的热情去做1%的事情，那么你一定可以在你的职业生涯中完美地起飞。

在北京西站"036"候车室工作的王凤莲则是将自己的一份激情燃成了一盏爱心之灯。

北京西客站是全国最大的火车站，每天人流量特别大，王凤莲的工作既多且杂，按照她的说法就是："在车站，有困难的旅客只要看到身着铁路制服的人，就像看到了'救星'。"

每年春运的时候，是全国人民都开始忙碌的时候，而最忙碌的就莫过于在铁路线上的服务人员了。作为全国最大的火车站——北京西站的优秀乘务人员、全国劳动模范王凤莲更是忙得脚不沾地。

有一年，她在候车大厅发现一位农民打扮的老大爷脸色蜡黄，一个劲儿地用手捂着肚子，不时发出一阵阵呻吟，头上已经沁出了不少汗水。王凤莲赶上前去询问，老大爷只说了"肚子疼"就支持不住，一头栽倒了。王凤莲连忙联系同事找来担架将老人送去最近的医院急救。老人身上没有带够钱，是王凤莲自掏腰包将医药费先给垫付上去。等老人病好了能出院了，他身上剩下的钱却连买张车票都不够，又是王凤莲帮他补足了车票钱送他上了火车……

还有一次，王凤莲值夜班，一个在候车室发呆的女孩引起了她的注意。经验告诉王凤莲，这个可能是离家出走的孩子，便给她买来夜宵，主动与她攀谈。4个小时后，女孩终于向她透露了实情，原来真是离家出走的孩子。经过王凤莲的一番细心、温情地开导后，女孩终于释然地让妈妈来接她回家。

据不完全统计，她工作的这些年来，帮助1.3万名旅客平安出行，共计收到表扬信 1000 多封，就连锦旗也有 115 面。在她看来，哪里有旅客需要，哪里就应该有良好的服务。

王凤莲将激情注入在人情之中，充溢在工作里，提升了自己，也感动了别人。

对工作的热情，可以让我们把枯燥乏味的工作变得生动有趣，使自己充满活力，培养自己对事业的狂热追求，我们更可以获得领导的提拔和重用，赢得珍贵的成长和发展机会。所以不管从事什么样的事业，要想获得成功，首先需要的就是工作激情。任何人，只有具备了这个条件，才能获得成功。

美国一家商业性杂志在对世界 500 强的高层领导做过抽样调查后发现：对工作的热情程度在一个人是否被聘用测评中所占比例高达 53%。大多数人表示，一个具有高超技能的人如果对应聘的工作不太富有热情，就不会对工作负责到底，这样的人能力越大造成的危害越大。因此，无论你从事什么样的职业，身处什么样的岗位，都一定要对自己的工作充满热情。只有这样，你才能获得更多成功的机会，一个对工作缺乏热情的人是不会取得任何丰功伟绩的。

对工作投入 100%的热情，比对工作投入 100%的智慧更有效率。因为有热情能激发潜能，有热情就能全身心地投入，有热情就能干劲十足，精力充沛，有热情就能神情专注，有热情任何事都变得轻而易举，热情让人更自信，热情让人更勤奋，热情让人激情勃发，青春永驻……有时候成功与其说取决于人的才能，不如说取决于人的热情。热情是做好工作的重要支撑，热情是走向成功的必不可少的动力之源。

当一个人对自己的工作充满热情的时候，就会全身心地投入到工作中去。这时候，自发性、创造性、专注力等对工作有利的条件就会在我们的工作过程中表现出来，就能够把工作做到最好，这样的员工永远不会失业，永远有“饭”吃，永远有他的一席之地。

6　永远保持对工作的激情

激情成就财富，成功离不开激情。

——保罗·盖帝

激情是世界上最有价值的一种感情，也是最具感染力的。一个人从事他所喜爱的工作时，你可以一眼就看出来，他非常投入，其表现出的自发性、创造性、专注和执著都十分明显，而在那些视工作为应付差事、乏味无聊的人那里，是根本看不见的。对事业的热情是世界上最大的财富，它的价值远远超过金钱与权势。热情摧毁偏见与敌意，摒弃懒惰，扫除障碍。热情是行动的信仰，有了这种信仰，任何一个人都会无往不胜。

哈达曼教授指出：世上许多做得极好的创意，都是在激情的推动下完成的。关键所在，是要把将工作做好的激情保持长久，做到善始善终。

所以，除了对工作有热情、倾注热情外，还要保持对工作的激情不变，这才是成功的关键。

因为激情带来希望，激情成就梦想，激情让一切都变得不同，拥有了激情就拥有了坚定的信念、行动的动力，就拥有了成功的资本，这种激情可以让你勇往直前，纵横驰骋。

位居美国富豪榜第 10 位的富翁保罗·盖帝在总结自己的成功之路时指出："激情成就财富，成功离不开激情。激情是一种精神特质，代表一种积极的精神力量。人人都具有激情，只要善加利用，就能使之转化为巨大的致富能量。"

海南金鹿农机公司电焊班班长苏波清，当年刚进厂时只有初中文化，一次无意间将自己的单车撞坏了，厂里的电焊老师傅帮他修好，苏波清一看居然和新的一样。他第一次感受到"电焊”的神奇,也从内心深处喜欢上这个行当。

可是,刚开始入门当学徒的苏波清就迎来了个“下马威”。他看着老师傅手持焊枪像挥舞画笔一样,将一根直径不到3毫米、硬度很低的铁条焊在一根硬度很高的铁条上。他觉得神奇极了,简直是在制作天衣无缝的工艺品。老师傅焊完,他就赶紧去把焊条头拿起来想仔细看看,结果手立时被烫了一个泡。原来这个神奇的“画笔”要想乖乖地在手中舞动还需要下很大的工夫啊。

他没有退缩,什么困难在“热爱”两个字面前都显得微不足道了。他怀着更强烈的兴趣和激情投入到学习和训练中。

他白天跟着老焊工学手艺,晚上回到家拼命钻研焊工技术书籍,在同组的5名学徒工里,他进步是最快的。

2003年8月,苏波清所在的金鹿农机公司接受了海南省最大的跨海大桥——世纪大桥南北两头大梁的拼接焊接任务。苏波清带领两名工友上了一线。

“老实说,最大的困难不是技术,而是工作环境。”当时正逢盛夏酷暑,施工现场全是水泥和金属,温度有四五十摄氏度,加上电焊工要穿厚重的防护服,全程吊挂在桥梁上。而且这一任务要求一条接缝的焊接必须连续3个小时直接完成,中间不能停顿。

“穿上衣服不一会儿,我就险些热晕过去。工友问我,等天凉了再干?我说不,哪能刚上前线就当逃兵!”

焊花闪耀,热带的骄阳灼烧着水泥桥梁,焊件旁边的海面上由于高温的炙烤,空气扭曲着向上升腾。

“那种热,应该说超过了人忍耐的极限,我感觉就是血管马上要爆裂了。但手不能停,一停,这个焊件就算失败了。”就这样,苏波清在烈日暴晒下苦干两天,最终圆满地完成了8条接缝的焊接任务。从此,他也落下一个“铁老苏”的美名。

“一口气将那个任务拿下来的原因，可能就是一份不服输的豪情和一份不甘落败的激情吧。”苏波清如是说。这话说的不仅是一件任务，也是他对自己职业生涯的心得。无论是刚开始接触这个行当时他就伤了自己，还是中间经历了多少波折，都像是“激将法”一样让他越战越勇。“爱上了电焊这一行，最初就是个好奇心。但还是那句话：干一行，爱一行，爱上了，就想干好。”这位海口市的劳动模范话语间有掩饰不住的兴奋。

有激情才能有积极性，没有激情只能产生惰性，而惰性只能使你落伍，业绩不佳则难免要被时代“炒鱿鱼”。内心充满激情，你就会兴奋；你精神振奋，也会鼓舞别人工作，这就是激情的感染力量。

一个人如果整天无精打采，神思恍惚，虽未受到重大打击，可总是按部就班，平时不犯大错，但也绝不能做到最好。这样无趣的人，你想象他能冒风险，顶压力，克服种种困难，率领一个团队成功创业吗？没有激情就无法兴奋，就不可能全心全意投入工作，也不可能创造性地解决工作中的难题，更不可能有创业的力量和勇气。丧失了奋力搏杀的激情，必定开始萎靡不振，缺乏激情的人，生活一定单调而没有色彩。

敬业的人对工作的激情永远不会干涸，他会疏通情感渠道，从而起到加油站的作用。敬业的人其激情发自内心，起于梦想，所以这种激情不会轻易消退，它表现成为一种强大的精神力量，征服自身与环境，持久地散发出魔力，引导我们创造出日新月异的成绩，让我们在激烈的竞争中立于不败之地。

7　养成敬业的习惯

思想决定行动，行动养成习惯，习惯形成品质，品质决定命运。

——陶行知

常言道，习惯成自然。任何事情一旦形成一种习惯之后，一切便都成为自然而然的事了。敬业也是一样，时时刻刻把忠诚敬业刻在心中的员工，会把忠诚敬业当成一种生活的态度，任何时候都自然而然地去做它，而不用刻意为之。

有敬业习惯的员工，他们努力、尽职尽责、力求完美地干好工作，不是为了对老板有个好的交代，而是工作心态驱使他们无论干什么样的工作，都必须做到尽善尽美，这是他们的工作态度，也是他们的职业习惯，这种习惯会让他们受益终生。

不管从事什么工作，有所投入才能有所收获。只要你还在一个工作岗位上，就应该安下心来，认真负责地完成这项工作。如果你能够养成职业的责任感，对自己的工作高度重视，你就会成为老板最信赖的人，将会被委以重任。

范进卯当年是复员军人，被安排到北京液化石油气公司赵公口供应站当燃气用具维修工。他干活儿不但格外仔细，有时候遇到人家有困难，还坚决不收钱。“每天做一件好事”是范进卯对自己的要求。结果，一传十，十传百，找范进卯修灶的人越来越多。他的足迹遍及大半个北京城。用户找他帮忙，一张纸条、一个电话，甚至一句捎来的话，范进卯就带上工具去了。安装热水器，要带上包括工作台、压力钳等几百斤的东西，范进卯一辆自行车前后到处披挂。北京的新住宅多，有些地方很不好找，很多时候，范进卯花在路上的时间比维修的时间还长。就这样，十几年下来，范进卯为群众修理安装燃气灶具上万台。

随着技术的进步，市场上出现了很多新型的、高级的灶具和热水器。为了跟上需要，范进卯就哄着妻子给自己家买。妻子和女儿还觉得挺美的，哪知道范进卯的真正意图是拿自己家的东西练手。一次，范进卯趁妻子女儿不在家，把一台新热水器大拆大卸，再组装起来。没想到装好一试火，火苗从观察口往外喷，连里面的烫锡都烧化了，好好的热水器烧得一塌糊涂。那时，范进卯家不富裕，几百元钱的热水器算得上家里的宝贝了，平日里对范进卯百依百顺的妻子也忍不住跟他发火儿。

范进卯的水平也正是靠这种热情和投入练出来的。

天桥地区成立北京第一家邻里互助协会，范进卯被5万多居民选为协会的理事。在协会成立大会上，范进卯保证："随叫随到，不要报酬，不吃请。保证我所在居委会不发生液化气火灾事故。"

街道成立了"范进卯维修中心"，范进卯明确表示，只要是政府照顾对象，维修都不收费。与此同时，有不少搞维修的在他们的街道贴小广告，有人就担心范进卯对很多用户不收钱，又有这么多竞争者抢活儿干，他会不会赔。事实证明，范进卯的维修中心不仅实现了盈利，还相继成立了好几家分部。

范进卯说："凭自己的手艺给人解决困难了，人家感谢咱们，说实在的，比收了钱还高兴呢！这真是一种享受。你看做宣传、做广告那些要花钱，这个比做宣传、做广告要强的多……市场经济条件下更需要雷锋精神.把它对立起来是不对的。我们做好事，就不给小广告空间。为人民服务的路真是越走越宽。"

范进卯是个极普通的人，但凡是认识范进卯的人，不管职务高低、岁数大小，都管范进卯叫"范大哥"。这一声"范大哥"，饱含了深厚的尊重和敬仰之情。

多一分敬业，就多一分的回报，拥有100%的敬业态度，就是踏上100%成功之旅的第一步。

在工作中，有敬业精神的员工，也一定会得到老板的欣赏，更容易取得成功。即使你的工作能力有所欠缺，敬业也能够让你变得优秀。如果你本身有一流的工作能力，敬业精神也能够带领你走向更成功的领域。

任何员工的成功都和他良好的敬业习惯分不开。好的习惯可以成就人生理想，实现人生价值，坏的习惯却会影响到前程和幸福。工作上的马虎失职，短时间内不会影响你的职位，但是如果养成习惯，便会最终葬送你的前程。而如果是敬业负责的习惯，那也会让你终生受益。

日本汽车“推销大王”椎名保久，他发现在生意场合，人们习惯于用火柴替对方点烟，然后把剩下的火柴盒留给对方。

于是，他向火柴厂定制出了一种火柴，在盒上印上自己的名字、公司的电话号码和公司附近的地图，然后赠给自己的客户。

一盒火柴很多根，每点一次，电话号码和地图就会出现在客户面前一次，而一般吸烟者通常都是在兴奋或困惑时才点烟抽，习惯凝视火柴来思考。这种“无意识的注意”会给人们留下特别深刻的印象。正是利用这小小火柴的影响，椎名保久的业务额大幅度上升并获得了成功。

椎名保久的敬业精神成就了自己。他能在各种场合留意到各种对自己工作有益的事情，当这种敬业意识深植于脑海，那么做起事来自然会积极主动，从而获得更多的经验并取得更大的成就。

具有敬业精神并不一定能成功，但若缺乏敬业精神则一定不会成功，你的敬业所带来的直接结果是企业不断发展以及个人的事业的成功；但你的不敬业并不会对公司造成严重的影响，长此以往，只会葬送你自己的大好前程。

习惯是养成的，好的习惯坏的习惯都是，关键看你自己的态度。

如果你自认为敬业精神不够，那么就应趁年轻的时候强迫自己忠诚敬业——把工作当成事业来经营，当成自我实现的途径来对待，经过一段时间后，敬业就会变成你的习惯，这种习惯自然会让你从中受益。

8　敬业态度决定人生高度

不能爱哪行才干哪行,要干哪行爱哪行。

——丘吉尔

无数的事实证明:一个人的敬业程度决定着他事业的高度、人生的高度。在任何领域中,这几乎都是一个真理。

就以体育界来说吧,伟大的高尔夫球手汤姆·沃森,当他在斯坦福大学时还是默默无闻的,他只是队中的一名普通球员,但他的教练对其苦练的精神万分称许,教练认为沃森是自己一生中仅见的敬业用功球员。在以技巧取胜的领域中,沃森以他的敬业和勤奋诠释了敬业程度决定事业高度的真理。

在文艺界,世界天皇巨星、黑人超级歌手杰克逊,曾经有人说他是一夜成名。如果没有点儿真才实学怎么能一夜成名呢?要知道,不是谁都可以一夜成名的,他的成功也不是天上掉下来的,而是靠勤奋努力拼出来的。从他还是 5 岁大时,就开始练习唱歌,训练唱歌技巧,勤练舞蹈,学习作曲。不错,他是有天分,也有幸生长在支持他往此发展的环境中,建立了积极的信念,周围有许多可以效法的先例,更有家人的支持。但是最主要的是他热爱自己的工作,为了做好工作不计任何代价,所以他获得了巨大的成功。

敬业决定事业。只有敬业的人,才能充分发挥自己的潜能,全面迸发自己的创造力,把自己的全部精力和能力都运用于工作中去,他们当然会取得事业的辉煌,收获人生的成功。

众所周知,浙江很多民营企业,就是靠做一件只赚几分钱、甚至几毫钱的小商品，而演变为资产数亿的大公司的。20多年的尽心尽意的专业经营，以及扎扎实实诚心敬业带来的高质量，凭每只一分钱利润的打火机，温州的民营企业今天竟能打败现代化的日本公司，杀入并占据日本市场；凭每支利润的数字在“分”的前面还要加若干位小数点的饮料吸管，浙江一家民企的产品，竟已占据国际市场的几分之一。靠的是什么？就是他们年复一年、日复一日的敬业精神。

敬业促使我们养成每天多做一点事的好习惯，把额外分配的工作看作是一种机遇，当顾客、同事或者公司交给我们某个难题的时候，也许正在为我们创造了一个珍贵的机会。即使是最普通的职业，处在极其低微的位置上，敬业往往会给我们带来极大的机会。

再细小的工作、再平凡的岗位，最需要的还是敬业的精神。有了这种精神，即使最平凡的岗位也能做得很好，而且这样的员工一定可以成就一番大事业。敬业是成功的基石。敬业不能只停留在口头上，而要付诸到具体的实践中去。

著名管理咨询专家蒙迪·斯泰尔在自己为《洛杉矶时报》撰写的专栏中曾虽说过：“每个人都被赋予了工作的权利，一个人对待工作的态度决定了这个人对待生命的态度，工作是人的天职，是人类共同拥有和崇尚的一种精神。当生活中的我们把工作当成一项使命的时候，就可以从中学到很多知识，积累很多经验，就可以从全身心投入工作的过程中寻找到与众不同的快乐，实现人生的价值。这样的工作态度也许不会有立竿见影的效果，但是能够肯定的是，当‘轻视工作’成为一种习惯的时候，最终的结果非常明确。工作上的日渐平庸，从表面上看来虽然只是损失一些金钱或者是时间，可是对你的一生会留下无法挽回的遗憾。”

没有敬业的精神，一个人就会轻视他所做的工作，不把工作当回事，那么，他绝对不会用心去工作，也不可能做到认真、负责、主动、积极……因为他看不起他所做的这份工作，所以总是感觉在工作中非常艰辛、烦闷，自然而然也不会把工作做好。而敬业的人大大不同，他们尊重工作，认真地对待它，尽心尽力去把工作做到最好最完美，这不仅赢得别人的尊重和认同，也收获了工作给予的巨大回报——事业的成功和人生的辉煌。

法国前总统密特朗请贝聿铭为卢浮宫设计一个入口，因为卢浮宫是一个历史建筑，原有的入口已经小到观光游客根本就进不去，所以决定重新设计一个入口，但是又不能破坏原有的建筑，要维持原来的美观，不要给人以突兀的感觉。贝聿铭回答说："总统先生，请你给我半年的时间，我考虑考虑，如果可以，我答应接下这个工程。"

之后，贝聿铭就在卢浮宫附近的酒店住了半年。他早上去看，黄昏去看，晚上去看，半夜去看，下雨天去看，刮风天去看，最后决定将卢浮宫的入口设计成三角形的玻璃金字塔。这样既不会破坏整个卢浮宫的景观，又用玻璃衬托了后面的景色，而由地下进人展厅的设计，则不会破坏原来的门。这项设计工程最后赢得了大家的赞叹。1988 年 3 月，密特朗总统在竣工的全字塔内向贝聿铭授予了法国最为尊贵的荣誉——骑士勋章。贝聿铭的杰作不仅成为了法国总统政治复苏的象征，也在世界建筑史上留下了光辉的一页。

贝聿铭为了设计卢浮宫的入口，在不同的时间和条件下，观察了半年，思考了半年，最终成竹在胸，从而一挥而就。在他的身上，充分体现出一个设计大师，以一种尊敬、虔诚的心灵对待自己的工作和事业的精神，敬业的精神。

如果不是这种高度的敬业精神，贝聿铭博士也就不会成为享誉世界的建筑大师。查尔斯·史温道尔曾说："**态度比你的过去、教育、金钱、环境……还来得重要。态度比你的外表、天赋或技能更重要，它可以改变或毁灭一个人。**"工作是一个态度问题，是一种发自肺腑的爱。你要做的就是尊重你的工作，热爱你的工作，将全部的热情投入到工作中，这种积极的力量将转化为你职业形象的崇高和生命价值的延伸。以这样的态度对待工作，平凡的工作也可以拥有让人仰视的人生高度。

敬业才能打开成功的大门,敬业才能有事业,敬业的高度决定事业的高度,这是最浅显却也最深刻的职场箴言,最简单也最有用的工作哲理。心怀远大、渴望成功的员工应当时时谨记,并身体力行。

哲理3　没有平凡的工作，只有平庸的工作态度

做任何工作，态度认真与否，是区分卓越和平庸的分水岭。世界上没有平凡的工作，每一份工作都有它实实在在的作用和意义，关键在于我们是不是以卓越的工作态度把它做好了，做完美了，做到极致了。如果没有一个良好的工作态度，再好的工作也会让一个人陷入平庸；如果有卓越的工作态度，再平凡的工作也一样可以创造出辉煌的人生。

1 没有平凡的工作，只有平庸的工作态度

没有卑微的工作，只有卑微的工作态度，而工作态度完全取决于我们自己。

——职场箴言

我们大多数人都是平凡的人，都在做着平凡的工作。但总是有许多人不满意自己的工作，满心抱怨、满嘴牢骚，却从来没有把心思用在工作中，对工作总是一种敷衍塞责，得过且过的态度，这样的员工注定平庸，在任何地方都不会有大的成就，就算非常有才华，最终也难免落平庸的陷阱。

与此正好相反，有着卓越工作态度的人，即使能力有所欠缺，身处平凡的岗位，也一样可以做出不平凡的成绩来。野田圣子的经历正是最好的例证。

许多年前，一个妙龄少女来到东京帝国酒店当服务员，然而她想不到的是，上司安排她洗厕所！说实话没人愿意干，对于一个年轻的女孩而言，这更是一份恶劣的工作。而上司对她的工作质量要求却又高得吓人：必须把马桶擦洗得光洁如新！

就在此关键时刻，同在一个单位的前辈让她重新振作起来。这个前辈的工作和她一样，不同的是，前辈一遍遍地擦洗着马桶，直到擦洗得“光洁如新”，然后，他从马桶里直接取了一杯水，一口气喝了下去，竟然毫不勉强。

看到这一切，她目瞪口呆，感到一种从身体到灵魂的震颤，她痛下决心：“我一定要干好这个工作，就算洗厕所，也要做一名洗厕所中出类拔萃的人！”从此以后，她成了一个全身心投入的人，她的工作质量也达到了那位前辈的高水平。

多年过去了，这个当年洗马桶的日本女郎，成了日本政府的邮政大臣，野田圣子终于成功了。

你看,即使是洗厕所这样最平凡不过的工作,只要用心去做,也会不平凡起来。从清洁工成长为一名政府高官,野田圣子凭借的正是她洗厕所时悟出的真理:没有平凡的工作,只有平庸的工作态度。态度决定一切,态度决定工作的贵贱——有好的态度,再低贱的工作也能书写不平凡的人生;没有好态度,再出色的才华也会被平庸埋没一样。态度就是平凡和平庸的分水岭。

不错,我们有很多员工都做着极为平凡的工作,而且工作环境艰苦,繁重劳累或是工作地点偏僻、工作单调、技术性低、重复性大,甚至还有危险性,但是如果我们认识到每一件平凡的工作都具有非凡的意义,我们一定会改变想法的。

其实,任何工作都是好的,工作和职业本来没有高低贵贱好坏优劣的差别。所有的工作都有它本身的价值和分量,正如许多平凡岗位上的人一样,在你眼里不起眼的工作,却正是必不可少而且意义非凡。所以我们绝不可以轻视任何一份工作,而是要把手上的工作做到最好。

广东省蕉岭县公安局民警丘秀霞就是一个平凡的人,整天干着机关秘书、派出所内勤、110接处警等平凡的工作。虽没有惊天动地的事,但丘秀霞摆正了自己的位置和工作的视角,那就是工作再平凡也是群众的需要,事情再小,也关系群众的利益。

在平凡的工作中,丘秀霞用心做好每一件事,在她从警十多年中,先后负责指挥中心秘书工作、蕉城派出所内勤、指挥中心110接处警等工作,处处以共产党员和人民警察的标准严格要求自己,坚持以提高自身素质和能力为基础,干一行、爱一行、精一行,以强烈的事业心爱岗敬业,以踏实肯干的作风和求真务实的精神,在平凡的工作岗位上作出了不平凡的贡献。于是,保密工作先进个人、优秀党员、优秀公务员、梅州公安"十佳卫士"等一连串的荣誉落在了她的身上,但她依然以平常心继续她平凡的工作。她说,我甘于平凡,愿意奉献。

把平凡的工作干好,那就是不平凡。有人却以为,在一个岗位上,干好活,领一份工资;干得一般,还是领一份工资,于是工作没有了目标和激情,以一种应付的态度来工作。这种人只是以一份工作、一份工资来衡量自己,没有看到干好工作带来的回报,于是在平凡中消磨着自己的意志和激情,最终走向平庸。

其实平凡绝对不是平庸,平凡是为成功做铺垫,而平庸的人永远不会有出头之日。有些人把"成功"定义为"做伟大的事业,出瞩目的成绩"。要是自己做的是细碎的琐事,平凡的工作,就容易自惭形秽,产生自卑情绪。这其实是一种很愚蠢的想法。

我们知道,一个社会的绝大多数人可能终其一生都是充当了不起眼的绿叶角色,是给别人做衬托。那是否就可以说,他们所演的角色和所做的工作就没有意义了呢?不然,"红花还要绿叶扶持"的真谛充分说明了,很多时候,成功更需要平凡。或者说,成功是平凡的累积,如果一个人能够把自己平凡的工作长期做到极致,那也是成功。

全国著名劳动模范张秉贵的优秀事迹就是对平凡岗位的最好诠释。张秉贵是北京人,只在一所贫民学校上过半年学,11岁时便到纺织厂当了童工,17岁到北京德昌厚食品杂货店当学徒。1955年秋,新建的北京百货大楼开张并招聘25岁以下营业员,36岁的张秉贵因有多年的经商经验被破格录取。北京百货大楼当时是全国最大的商业中心,客流量大,张秉贵坚持为人民服务的信念,从1955年11月到百货大楼站柜台,三十多年的时间接待顾客近400万人,没有怠慢过任何一个人。

他认为:"一个营业员服务态度不好,外地人会说你那个城市服务态度不好,港澳台同胞会感到祖国不温暖,外国人会说中华人民共和国不文明。我们真是工作平凡,岗位光荣,责任重大!"从为国家争光、为人民服务的政治信念出发,他在问、拿、称、包、算、收六个环节上不断摸索,练就了"一抓准"和"一口清"的过硬本领,接待一个顾客的时间从三四分钟减为一分钟。他通过眼神、语言、动作、表情、步伐、姿态等调动各个器官的功能,几乎成了那个时代商业领域的服务规范。面对如此简单操作的商业服务业,张秉贵几十年如一日,在平凡的售货员岗位上练就了令人称奇的“一抓准”“一口清”技艺和“一团火”的服务精神,成为新中国商业战线上的一面旗帜,多次被授予优秀党员称号,当选为党的十一大代表,第五、第六届全国人大代表和人大常委会委员。

张秉贵的绝活“一手抓”和“一口清”充分说明,一个人,不管在哪个岗位,只要是工作,哪怕很平凡,甚至很卑微,如果努力地把它做到最好,甚至做到极致,那就是成功。

古代的那位卖油翁,他也把简单的倒油动作练到了炉火纯青的绝活水平。当他卖油给别人有时候,倒油进瓶不用眼看,只管从背后倒,就能让油流进瓶口,一滴不落。结果人人都去买他的油。这就是一种成功。有的人认为平凡的工作是不需要专业能力的,干不出成绩。这是一个误解。只要是有心人,在任何平凡的岗位都能干出出色的成绩来,因为世间本来就没有平凡的工作,有的只是平庸的工作态度。

其实,在平凡与平庸之间,虽然只有一字之差,但这个差是差在态度上,因而“失之毫厘,谬以千里”,一字之差的结果都大相径庭。有的人从平凡开始积累最终成就了自己的不平凡;有的人却从平庸开始堕落,并最终沦陷于平庸之中。

态度决定一切。所以不要小看自己所做的每一件事、每一个工作,即便是最普通、最简单的事、最平凡的事,也应该积极主动、严格服从、完美执行,全力以赴、尽职尽责地去把工作做到最好。任何时候,都不要忘记提醒自己,平庸的工作态度才是我们成功路上最大的障碍。

2 把工作当成事业来做

我的人生哲学就是工作。

——爱迪生

在我们的生命中，工作是非常重要的部分，我们每天清醒的时间至少有一半是花在工作上，剩下来的才能分配到吃饭、娱乐、家庭、朋友、运动以及其他各式各样的活动上。

工作支配着我们的生命。大部分的人一天工作 8 小时，假如再加上准备及交通时间，我们一天用于与工作相关的活动时间远远超出 8 小时。

那么，我们工作到底是为了什么？大多数的人可能都会说是为了薪水，为了养家糊口。但是，如果我们仔细地想一想，我们如此辛苦忙碌，真的就是为赚钱糊口吗？恐怕不尽然！如果只是为赚钱糊口，有许多人根本就不需要工作。有的人一出生就有一辈子也花不完的钱，天天吃山珍海味也不用发愁，甚至有的人富可敌国了还在孜孜不倦忙个不停，并且乐此不疲，难道他们也是为了区区一点薪水吗？

有一个大老板，他的事业本已非常成功，他本可以好好享受清闲，但他每天都在勤奋工作。人们问他："你是为了要获取更多的财富而工作吗？"他很郑重地说："那只是极其小的一部分原因，更主要的是，工作是一种需要，工作就是我的事业，就是我生活的意义。"

有个美国记者到墨西哥的一个部落采访。这天是个集市日，当地土著人都拿着自己的物产到集市上交易。这位美国记者看见一个老太太在卖柠檬，5 美分一个。

老太太的生意显然不太好，一上午也没卖出去几个。这位记者动了恻隐之心，打算把老太太的柠檬全部买下来，以便使她能"高高兴兴地早些回家"。当他把自己的想法告诉老太太的时候，她的话却使他大吃一惊："都卖给你，那我下午卖什么？"

因为这是一份工作，这位老太太要的是工作本身，她的工作就是她生存的意义，就是她经营的事业，而不是工作带来的利益，那么生意的好坏、赚钱的多少又有什么关系？关键是她正在工作，她经营着她的事业，这才是最重要的。

如果每一个员工也都有这种把工作不当成工作，不当成只是为了拿薪水养家糊口的一个职业，而把它当成一种终身追求的事业来做的话，那会是什么样子呢?

在一家大型招聘会上,一家国有企业招聘文秘的摊位前聚集了很多女性。这些应聘的女性年纪大多在20岁出头,基本都拥有大学教育背景。

人群中突然出现了一个比较扎眼的女性,姓陈。陈女士今年已经30岁了,几个月前从一家公司的文秘岗位上辞职。经过简短的谈话,招聘人员竟然当场宣布录用陈女士。

在场的其他应聘者人都表示不理解,有人就问招聘人员:"我们条件大多数都比她好,为什么录取她呢?"

招聘人员回答说"因为她有事业心。你们大都问我薪金待遇之类的问题,但陈女士只是问我们能否给她足够大的空间,以后会不会给她较高的位子,比如部门主管。这说明她把工作当成自己的事业,而非养活自己的职业,这样对公司长久发展有利的人才我们没有理由拒之门外!"

把工作当成事业来做的人,当然是企业需要的人,因为他们最明白该用什么样的态度来对待事业对待工作。

2004年雅典奥运会男子110米栏比赛,刘翔第一个冲过终点,他创造了中国田径的奇迹,他的夺冠让世界震惊。当记者采访他时,刘翔说:"我每天的任务就是冲过终点,这是我的工作,也是我的使命,更是我的事业,是我生命的意义。所以,不管任何时候,我都全力以赴。"

刘翔成功了,但这个成功不是凭空而来的,而是他一天一天坚持不懈、一年一年勤学苦练得来的。每天,他都要举着杠铃做下蹲起立,一做就是几千下。做仰卧起坐,一做就是几千个。他的教练为了让他练得更扎实,竟把他的腿用力地向上搬,先是放在自己的肩上,然后再把刘翔的腿一直搬到头颈,但他咬紧牙关,坚持着、坚持着……每天都要跨越无数个栏,雅典奥运会上的12秒91是他用无数个12秒91换来的,因为他的心中有一个梦，因为他把跨栏当成了一生的事业……

记得一位哲人说过：**如果一个人能够把工作当成事业来做，那么他就成功了一半**。然而不幸的是，对今天的一些人来说，工作却并不等于事业。在他们眼里，找工作、谋职业不过是为了养家糊口、混日子而已。现实中，我们常常会看到两种不同的人，一些人即使天天加班但却乐此不疲，而有些人偶尔加一次班就牢骚满腹。这两种人必然会有两种不同的结局——一种卓越而优秀，一种平庸而无为。

每朵花的盛开，都要经过长期的孕育；每一个丰硕的果实，都要经过辛勤的耕耘和培植；每一个成功，都要经过长期不懈的艰辛劳动，不劳而获的成功从来就不存在。所以，当你开始工作就要树立把工作当事业来做的理念，勤勤恳恳，认认真真地去做，以卓越的工作态度去做，就算再平凡的工作也会被你做出不平凡来。

3 视服从为第一

我必须挑选不找任何借口地完成任务的人。

——巴顿

朝鲜战争爆发后，邱少云响应“抗美援朝，保家卫国”的号召，参加了中国人民志愿军，于1951年春赴朝作战。1952年10月，为打击盘踞在上甘岭的美国和韩国军队，中国人民志愿军第15军29师87团9连战士邱少云被选派参加潜伏，并担任了发起冲击后扫除障碍的爆破任务。12日上午，敌机向他所在的潜伏区进行低空扫射，并投掷燃烧弹。飞迸的燃烧液燃遍他全身。为了不暴露潜伏目标，邱少云任凭烈火烧焦身体一动不动。他双手深深地插进泥土里，身体紧紧地贴着地面，直至壮烈牺牲。

说到服从，大家都知道一句名言——“军人以服从命令为天职”。这是军人最基本的素质之一。一个军人，如果不能以服从为第一要义，学不会服从，不养成服从的观念，那他就不配做一个军人，他就不可能在军中立足。因为没有绝对服从精神的军队就是一盘散沙，就没有统一的行动，就不可能打胜战，只会溃不成军，那这样的军队还叫什么军队？而具有绝对服从精神的军人，即使是泰山崩于前也不会退半步，火烧眼睑也不会动一动，邱少云就以他的生命诠释了军人的这种绝对服从精神。

与邱少云一样，无数优秀的军人以自己的生命庄严地践解了“军人以服从命令为天职”的这个军人最神圣的使命。

1941 年秋，日寇集中兵力向晋察冀根据地的狼牙山大举进犯，五壮士所在的七连，奉命守在狼牙山地区坚持游击战争。经过一个多月的英勇奋战，七连决定向龙王庙一带转移，并把掩护人民群众和连队转移，阻击敌人的光荣任务交给了六班。六班的五壮士面对凶顽的敌人，把手榴弹捆成一大束，埋在敌人必经的山涧的板桥下，敌人的第一次进攻就被炸得人仰马翻。

敌人误以为找到了我军的主力，连续向狼牙山山峰发动猛攻。五壮士在时间很短的情况下，打退了敌人的 17 次进攻。日寇恼羞成怒，向山顶发射山炮。并调来飞机进行轰炸，炸弹在五壮士身边爆炸。在敌机的掩护下，敌人冲了上来，五壮士身边仅剩一颗手榴弹。但是，五壮士硬是用石头又一次击退了敌人。当敌人再一次冲上来时，班长拔出手榴弹，拧开盖子，用尽全力，掷向敌人。随着一声巨响，鬼子被炸得血肉横飞。

五壮士为部队和人民群众的转移，赢得了宝贵时间，他们望着部队主力和人民群众远去的方向，脸上露出了胜利的喜悦。班长说：“同志们，我们的任务胜利完成了！这枪是从鬼子手里夺过来的，绝不能给敌人留下！”于是把枪砸碎扔下悬崖，五壮士高呼着：“打倒日本帝国主义！”“中国共产党万岁！”昂首挺胸，迈开大步，相继跳下悬崖。

往事如烟，但无数军人坚决服从命令，坚决完成任务的精神却永远地留存下来。

在今天,服从已绝不仅仅是军人的天职,也是任何一个身负责任和使命的人的天职。不论是在战场上、政坛上,在组织中,在公司里,同样以服从为第一。一个国家、一支军队,或是一个企业、一个部门,其成败很大程度上就取决于是否完美地贯彻了“服从第一”的理念。所以,优秀的员工一定明白这样的工作道理:服从第一。

在电影《冲出亚马逊》中有一句经典台词,教官对手下的学员们训话时说:“我对你们的要求很简单,第一,服从;第二,一定服从;第三,绝对服从!”

无独有偶,在欧美职场,所有的员工和老板都熟知一条定理——老板定理:**第一条,老板永远是对的;第二条,当老板不对的时候,请参照第一条。**为什么老板永远是对的?而且老板不对时也要当成老板是对的来对待?体现的也就是高度的服从理念。

没有服从理念的职工不会有好的前途,没有服从理念的公司也是没有发展前途的,因为服从是执行的基础,服从是行动的前提,没有服从何来执行?所有团队运作的前提条件就是服从,有时可以说,没有服从就没有一切,所以要把服从作为核心理念来看待,老板就是老板,员工就是员工,服从就是第一位的。

真正的服从应该是无条件的服从,应该是没有任何借口的服从,只有这样才能产生惊人的力量。有些员工认为“对的就服从,错的就不服从”。持这种观念的人是错误的,服从应该是绝对的。如果上级的指令要经过你的选择才能执行下去,这样一来,岂不是你的选择显得要比上司更具权威?所以,服从者应该放弃个人的主见,服从于上司和组织的,一心一意地去执行企业的价值理念和指令。如果你有什么意见或者建议,应该在上司发出指令前提出,如果你的意见没有得到上司的采纳,你也必须立刻去执行上司的指令,哪怕你认为是错误的,也要先服从执行后再与上司商量、沟通,这才是一个员工最应该做的事,而不是自作主张,找借口找理由不服从。这就是:“老板定理”的真义。

服从是绝对的,不讲任何条件没有任何借口的。找借口,就是把自己需要承担的责任转嫁给社会或他人;找借口是对所做事情的拖延和放弃;借口会使人疏于努力,不再是想方设法争取成功,而是把大量的时间和精力放在如何寻找一个更合适的借口上;借口也会让我们失去别人甚至是自己的信任,所以服从拒绝借口。

马丁应当在上午11点之前完成一份重要的报表,以便能让部门经理有足够的时间熟悉这份材料,并以此为依据在第二天的公司部门经理例会上发言。可是直到下午三点半,马丁才拿着报表敲响了经理办公室的门。“怎么搞的,马丁,上午11点的时候你就应该在这儿了,怎么现在才来?这样的效率怎么行?”经理满脸的不高兴。马丁两手一摊,一副无可奈何的表情:“我也没办法,上午11点的时候资料部门的那帮人刚把处理好的数据交给我,都是他们的错。”不得已,经理只好争分夺秒地弥补时间上的损失,花了大半夜的时间熟悉材料,才使得第二天的会议没出什么大差错。马丁的一个借口不仅把自己的责任推得一干二净,还给别人带来了许多不必要的麻烦。

像马丁这样的员工,毫无疑问是不可能有大的成就的。所以一个聪明的员工一定是一个懂得服从、视服从为第一的员工,这也是许多职场新人顺利晋升青云直上的重要原因。不要给自己任何的借口和推卸责任的理由,上司要的是结果,而不是你再三的解释原因。

其实我们也看到,有许多的成功者,他们之所以成功,不是因为他们有多少新奇的想法,而是因为他们自觉不自觉地进行着一项最有效的行动——服从并执行,他们都有一个最大的特点:无条件服从!没有任何借口地服从!

4 不讲任何条件,完美执行

杰出的策略必须加上杰出的执行才能奏效。

——H. 格瑞斯特

为什么所有的组织和团体都那么强调服从，把服从的精神看得那么重，视服从为第一？当然是因为服从的重要。不管什么决策、命令、计划、制度……最为重要的都是要执行，如果不能有效地执行，再完整的计划也是一纸空文，再严格的制度也不过是挂在墙上的制度，没有任何用处。而服从是执行的基础，没有服从就没有执行。所以服从才至关重要。

服从是执行的基础，毫无疑问，一个高效的企业必须有良好的服从观念，一个优秀的员工也必须有服从意识，服从也是员工日后取得成就的必备条件。在竞争白热化的商业社会中，执行力是左右企业成败的重要力量，也是区分企业平庸与优秀的重要标志，更是企业取胜的关键。我们看到春兰、海尔、奇瑞等中国品牌纷纷走向世界；苏宁、国美等民营企业雄霸国内家电零售业榜首。道理何在？就在于员工不折不扣的执行力。

服从没有任何借口，执行也不能讲任何条件。令行禁止，立即行动，才是执行的有效模式。

执行要马上行动，切忌拖延。拖延是一种极其有害于人们日常生活与事业的恶习，更是想做一番丰功伟业的人的大敌。

"拖"是人的通病，也是大病，因为它会拖掉你成功的机会。假如你应该打一个电话给客户，但由于拖延的习惯，你没有打这个电话。你的工作可能因为没打这个电话而延误，你的公司就可能因这个电话而蒙受损失。有时候一个企业家会因为没能及时做出关键性的决定，错过了最佳时机而惨遭失败；一个病人延误了看病的时间，会给生命带来无法挽回的损失。拖延这个坏习惯看似无碍大局，实则是个能够让你的抱负落空的恶习。

我们常常因为拖延时间而心生悔意，然而下一次又会习惯性地拖延下去。几次三番之后，我们竟视这种恶习为平常之事，以致漠视了它对工作的危害。反倒视拖延为正常了。事实上，拖延绝不是一种无所谓的耽搁。一个公司很有可能因为短暂的拖延而损失惨重，这并非危言耸听。

老李是一家药厂质量监督部门的负责人，工作几年来一直兢兢业业，颇得领导的赏识。由于老李工作谨慎认真，该药厂生产的药几乎很少出现质量问题。因此,药厂的生产规模日益扩大,效益不断增长,老李的工作量也越来越大。

有一次,一批新感冒药经审核投放市场后,有部分消费者反映吃完之后有不适反应。厂长找到老李,让他尽快查明原因,并采取相应措施,给消费者一个答复。

可是老李当时以为既然该药已经通过了双重检查,有问题的概率应该很小,部分不良反应属正常现象,因此并没太放在心上。他觉得过两天再处理也无所谓,还是先把手头其他重要事做完要紧。结果没想到,几天之后,问题越来越严重,出现不良反应的人越来越多。并且有人开始投诉该药厂。一时间,闹得沸沸扬扬,药厂名誉一落千丈。厂长知道老李没有及时处理这件事之后非常生气,严厉地批评了他,并免去他部门主任的职务,还扣掉他一年的奖金。

而且,老李不知道,本来厂长是打算下个月起提升他当副厂长的,结果就是因为他一时的拖延而自毁了大好前程。

可见,拖延并不是一种无所谓的耽搁,它足以毁掉一个人甚至一个公司的前程。虽然老李平时工作表现非常好,但这却并不能弥补他一时工作拖延所造成的严重后果。他的拖延不仅毁了自己也毁了整个药厂。

无论是公司还是个人,没有在关键时刻及时做出决定或行动,而让事情拖延下去,这会给自身带来严重的伤害。那些经常说"唉,这件事情很烦人,还有其他的事等着做,先做其他的事情吧"的人,总是奢望随着时间的流逝,难题会自动消失或有另外的人解决它,须知这不过是自欺欺人。

事实上,拖延并不能使问题消失,也不能使解决问题变得容易起来,而只会使问题深化,给工作造成严重的危害。没解决的问题,会由小变大、由简单变复杂,像滚雪球那样越滚越大,解决起来也越来越难。而且,没有任何人会为我们承担拖延的损失,拖延的后果可想而知。

如果你想躲避某项工作,最好的办法就是从这项工作入手,立刻去做,决不拖延,否则,这项工作就像一个恶魔,不断地缠绕着你。不要把时间浪费在无谓的拖延上，工作能治疗一切！决不拖延，立刻忙碌起来吧！与其在思想中等待，不如在行动中成功！

当然，没有任何条件地服从，并不是盲从，不经过大脑不作任何思考的服从。而是要学会思考，努力去想办法，灵活变通地去执行，这样才能把命令执行完美。把事情做到完美。

盲目服从盲目执行盲目行事是不可能把事情办好的，甚至让所有的努力和付出都付诸东流，那些接过工作不经过大脑就盲目去做的员工，往往会花费比原本多出 40％甚至 90％的时间来完成手头的工作，可有时还是会劳而无功，这样的执行其实是没有任何意义的，还不如不执行。服从没有借口，执行却需要方法，不经过思考就盲目执行，是不可能执行好的。只有充分思考，找到最简便、最有效的执行方法才能在最短的时间内顺利完成所有的工作，取得高效率。否则，行动得再快，做的再多也不过是无用功。

“发明大王”爱迪生，一生都秉持“拿到任务先思考”的工作原则，每次，他都会先思考“任务”的目的和实施步骤，再一步一步把手头的工作完顺利完成。

爱迪生的助手——阿普顿，一位出身名门的大学高材生，和当时的大多数上流社会的人一样，有着极深的门第观念，对家境贫寒、自学成才的爱迪生很是不以为然，对科研也是这样。

为了教训他一下，一天，爱迪生让他计算最新研发的几款灯泡的容积。阿普顿想都没想，认为这还不容易，拿起标尺和笔就进行测量和计算。他原本认为是一个极其简单的问题，然而，忙了整整一下午也都没有找到准确测量方法和计算公式。

傍晚时分，爱迪生回到实验室，看到阿普顿一脸愁容、满地丢弃的打稿纸，立即明白是怎么一回事。爱迪生笑了笑，走上前，往玻璃灯泡里注满水，然后把灯泡里的水倒进量杯里。

爱迪生拍了拍满脸羞愧的阿普顿，说道：“接手任务后要先思考，切忌盲目地立即执行，花费比原本高出很多倍的时间和精力，最终还不能顺利完成。”

从此，阿普顿打心底对爱迪生充满了深深的敬意。

盲从的人都是思维懒惰、习惯依赖他人的人。他们遇到问题只是求助别人，却不懂得自己去解决。表面上看起来，这样做是很忠实很负责的，但是事实上，这却是最大的不忠实不负责！

所以执行命令前先思考一番，既是对目标再一次认证，也是对任务开始着手的计划和决策。现实中，很多人领命就做的原因，在于按老板吩咐的去做就没错，即使有什么差池也是老板的决策失误，“我是听老板的安排才做的！”可想而知，这样的人即使一时可以得到上司的认可，但是长期下来，也不会有好的前景！

当然，也有一些人觉察命令有误却没有提出，他们认为上司不会采纳，何必给自己找麻烦？这样的员工比起那些思维懒惰的员工看起来要“高明”一些。但是，如果一个人连指出上司错误的勇气都没有的人，又怎么可能得到上司的信任和好感呢？

其实，大多数成功的企业家，对于盲目服从的人都是讨厌的。因为这样的下属并不能为自己的团体创造价值，相反，很多时候，他们还会因为他们的盲目使他们自己甚至公司付出惨重的代价，这样就太得不偿失了，所以，要不折不扣地执行，并达到真正想要的执行的目标，要学会思考，学会变通，学会想办法才行。

第二次世界大战期间，美国海军陆战队上将罗伊·S.盖格在一次训话中讲道：“**你们只有一个脑袋，必须要有两种功能，我要求你们用左脑去服从，用右脑去创造！**”这才是服从和执行的真义所在。服从不能盲从，执行更不能生搬硬套地刻板执行。要做到不折不扣、完美执行的目标，就必须要学会思考执行、灵活执行、变通执行。

在第二次世界大战期间，一艘美国驱逐舰停泊在某国的港湾，那天晚上风轻云淡，月朗星稀，一片宁静。一名士兵例行公务巡视全舰，突然间他看到了一个乌黑的“怪物”在不远的水上浮动着，那是一枚触发水雷，可能是从别的雷区漂过来的，正随着退潮逐渐向着军舰漂来。他飞快地抓起舰内通信电话机，通知值日官，值日官很快地通知了舰长，并且发出全舰戒备讯号。

官兵们都吃惊地注视着那枚慢慢漂近的水雷，大家都明白眼前的形势，灾难即将来临。舰长立即命令大家做好准备，避开水雷，全体官兵立即行动起来，准备撤离。但是危险已经逼近，到底要怎样才能避开水雷？要怎样才能毫发无伤地、完美地执行舰长的命令呢？他们该起锚迅速离开吗？不行，没有足够的时间。发动引擎使舰身漂离开吗？也不行，因为螺旋桨转动而产生的引力只会使水雷更快地漂向舰身。用枪炮引发水雷？还是不行，因为那枚水雷离舰里面的弹药库太近。那么究竟该怎么办呢？放下一只小艇，用一根长杆把水雷拨开？这也不行，那是一枚触发水雷，一触即炸。悲剧看来是不可避免了。突然，一名水兵跳了出来，迅速地抓起了消防水龙头，开到最大水量向舰艇和水雷之间的海面喷水，这些水汇成了一条水流，把水雷带向远方，然后他们再用舰炮引爆了水雷，一场危机终于化解。

试想，如果所有的士兵都只会傻傻地服从，而不会思考，不会变通，不会想办法，那这场灾难早已不可避免了。只有开动脑筋，灵活变通地执行，才能化险为夷，完美地执行。

5 主动找事做，而不是等事做

人与人之间只有很小的差别，但这很小的差别却造成了巨大的差距。很小的差别在于，态度是积极的还是消极的，巨大的差距就是成功与失败。

——拿破仑·希尔

积极主动是企业最期望的工作态度，也是一个员工走向成功最重要的工作态度。

什么是积极主动的工作态度？积极主动就是自动自发，自觉自愿，做任何工作都是自己的主观意愿，而不是需要命令、要求甚至强迫、监督才能去做的一种态度。他们从来都是主动找事做，而不是等事做；从来都是自觉自愿地把事情做到最好，不需要有人时时提醒和监督。

如果我们仔细观察那些成功者，就会发现他们大多都有积极主动的态度，自动自发的精神。

1994 年，初中毕业的伍亚媛从湖北省黄陂县的农村来到武汉市一家细纱车间打工，从此便与接头、巡回、捉疵这些枯燥、单调的动作结下了不解之缘。但她却对这个平凡的工作投入了极大的热情，积极主动、自动自发地以全身心投入工作中去，不分白天黑夜，只要一有空，就苦练操作。

凭着积极主动的精神，认真仔细的态度，坚持不懈的虚心请教、细心观摩和反复体验，农民工伍亚媛在车间的第一次测试中便达到二级挡车工水平，一个月就提前顶岗，单独挡车，在众多一起进厂的姐妹中崭露头角。10 多年来，她靠着过硬的操作技术和爱岗敬业、精益求精的精神，年年超额完成工作，质量合格率 100%。

努力终有回报，劳动模范、三八红旗手、先进个人……各种荣誉称号接踵而至，但伍亚媛却多次拒绝离开一线进入管理层。她说：**“一个人干什么并不重要，重要的是要有一个积极主动的态度，要把自己的才智和力量全部奉献出来。”**

自动自发是高效工作的前提。特别是在当今社会，社会正以令人眩目的节奏快速运转着，大至公司，小至员工，想要立于不败之地，都必须奉行主动执行、自动自发的工作理念。知道自己工作的意义和责任，并永远保持一种自动自发的态度，这样的员工才能得到老板的器重、上司的赏识。

在企业里常常可以见到这样的人，他们经常闲着无事，一问原因，就会说“老板安排的事情做完了呀！我正等着新任务哩”。这样的员工注定前途黯淡。幸运的总是那些主动找事做而不是等事做的员工。

于敏大学毕业后，几经周折才进了一家公司。刚进公司时，她的能力并不出类拔萃，但之后短短两年的时间里，在每一个部门都做得有声有色，每一次调动都令人刮目相看。

进这家大公司的时候，于敏先被分到人事部，做一个并不起眼的文员。那个部门，能言善道、八面玲珑的女孩子和深谙权术、势利平庸的男同事有很多，她只是恪尽职守，并且与部门里那些深谙处事之道，懂得逃避责任的同事不同的是，于敏从来不躲不藏，而是不管什么事都积极主动地去做。比如，有别人不愿意做的事情，她主动去做；别人抱怨工作百无聊赖，老板苛刻，地铁太挤时，她在熟悉公司的部门、产品以及主要客户的情况；别人趁着空闲高谈阔论、飞短流长时，她却在努力学习管理和销售的知识。

有一次营销部经理偶尔经过于敏的办公室，看到她做事情表现出的认真得体和分寸感，就打报告要求她去顶他们部门的一个空缺。

营销部令她的世界骤然广阔起来。同原来一样，她总是主动去做那些公司需要做的事，在别人嘲笑这个年轻的姑娘“傻气”的时候，她已经做出了几份扎实的调查分析报告。一年后，她已经是营销部公认的举足轻重的人物了，名声还传到老板的耳朵里。公司有什么重要的活动和业务洽谈，老板在带上营销部经理的同时，还会带上于敏。

一年后，当营销部经理被提升为公司副总的时候，于敏顺利地得到了营销部经理的职位。

于敏的快速晋升就因为她的积极主动。对于员工而言,找事做永远比等事做有前途有未来。

一位新招聘来的大学生工作不到一年就离职了,他的离职理由是:原单位没有人给他安排具体工作,使他整天无所事事。一年下来,什么东西也没有学到,什么经验也没有积累;既没有成长,也没有发展,所以想换一个环境,换一个单位工作。这话听起来振振有词,其实这不是理由,其根本原因是他自己没有把握好机会,没有主动找事做,没有主动工作,因此一事无成,最后只好抱憾走人了。

主动找事做,不是消极地等待领导布置工作。领导有时是向一个小组或一个团队布置任务。尤其是在采用柔性化、宽松型的管理模式的公司,他们倡导人本管理和弹性管理,注重人的积极性、主动性和创造性的发挥,并营造一种可充分展示自我、发挥个人聪明才智的成才环境。所以在这种管理理念下员工要善于主动请求任务,主动工作。只要主动工作、主动学习,要做的事情一定很多,就不可能使自己闲下来,就不可能每天都在等别人给你下任务,也就不可能使自己碌碌无为的。

主动找事做,积极去做需要你做的任何事,体现的是你的积极上进的精神,奋发有为的风貌,当然更能得到领导的重视和信任。

主动找事做,就能热情洋溢地对待工作,不管什么工作都能焕发出激情。有了饱满的工作热情和激情,就能使自己身心舒畅,感觉劳动和奉献都是美丽的,就能愉快地投入工作,享受工作的快乐,并能创新工作思路,提高工作效率,提高工作信心,取得良好的工作业绩。

主动找事做的员工都有吃苦耐劳、任劳任怨的精神,更有不计较个人得失、不在乎工作环境优劣,兢兢业业、尽职尽责完成自己的工作的态度;主动找事做的员工沉得住气,不浮躁,不急功近利,耐得住寂寞,守得住孤独,而且懂得谦虚,不骄不躁,因而能时时清楚自己的能力和位置,善于学习,善于总结,找到差距,完善自我,所以能不断进步,不断超越,从而把那些缺乏主动性、只会等事做的员工远远地抛在了后面，不论是在晋升或是加薪时都会赶在前面。

所以，只有主动找事做，才能争取到比别人更多的机会，才能获得成功的青睐。而整天等事做的员工，除了在等待中老去，或者在等待中被淘汰，不会再有更好的命运了。

6 做到位，不越位，善补位

机遇只能决定人的经历，而态度决定人的命运。

——约翰·亚当斯

在职场中，我们会发现，大多数人是反应性的，即等到老板督促才去解决问题，他们信奉少做少犯错的原则。但是自动自发做事情的员工就不需要老板交代和督促，而是自己自动自发地发现问题，自动自发地解决问题。

和踢足球一样，工作是一个需要配合、协同，需要共同努力的活动。所以每一个员工都要有一种积极的态度，把分内工作做到位，不越位，但随时积极主动地补位。

首先是要到位。公司的员工都有自己明确的工作范围和职责范围，你首先必须保证工作到位，做好自己的本职工作。同时，同事之间、上下级之间在责任边界上会经常存在模糊地带。这个时候，往往需要自己积极主动，多承担一些责任，不能有责任的盲区。这是对到位的基本要求。

把工作做到位，说到底，还是一种工作态度。积极主动地工作往往能够使你的工作成果更加突出，相反，如果不积极主动地工作，许多工作都做不到位。

什么是到位？到位就是把自己分内的工作做到尽善尽美，无可挑剔，每一个步骤都周全，每一个环节都完美。

不要越位是说公司的有些事情牵涉到管理权限，如果没有上级的授权，超越了管理权限，会导致权责不清。无论如何，应该由你负责的事情，就一定要管住管好；不该你管的事情，则要根据实际情况，主动配合主管人员把事情处理好。特别是当老板不在的时候，更要以公司利益为重，从维护公司利益的目的出发，从拓展公司业务的角度出发，把相关的工作做好。

但是，不越位不等于不补位，就是在足球场上也是这样。在一个企业中，因为事务繁忙，总有人员出现空缺的时候，即使人才济济，管理者在分配任务的时候，也可能在某个细节上出现漏洞。这时，更需要有责任心的员工及时查漏补缺，及时补位，这样才能防患于未然，及时、有效地挽回工作中的一些小缺点，小漏洞，做到尽善尽美。

美国微软公司前副总裁李开复曾经任职于苹果电脑公司。一次，他和公司 CEO 史考利受到美国当时最红的早间节目《早安美国》的邀请，在节目中演示他们发明的语音识别系统。这对于公司的产品宣传来说，是一个很好的机会。但是，如果一旦在演示的时候失败，对于企业的声誉也将是一个不小的打击。史考利和李开复的心里都有一点紧张。所以上节目前，史考利问李开复对于演示成功能有多大把握。李开复回答有 90%，史考利想了想，问能不能把这个可能性提高到 99%。李开复回答可以。

节目如期进行了，一切都很顺利。这次成功演示使公司的股票价格上涨了两美元。史考利真诚地对李开复表示感谢，然后问他在这样短的时间里取得成功，是不是没有休息一直在改程序。李开复回答说，其实系统和昨天没有任何差别。史考利吃惊地问，你该不是冒着这样大的风险上的节目吧？李开复坦然回答，成功率是 99%。因为他带了两台电脑，并把它们联在了一起。如果一台出了问题，他们马上可以切换到另一台上。这样一台电脑失败的可能性是10％，两台电脑连在一起失败的可能性就是10％×10％，也就是只有1％，所以成功率就是99％。

在工作中多花一点心思，就能将这些小缺点小漏洞及时堵塞，使工作更完美。

每个公司都会出现一些无人负责的事情，这时就需要员工有一种补位意识，特别是在责任出现交叉的时候，更要以公司利益为重，从维护公司利益出发，从拓展公司业务出发，把相关工作做好。多做一些事情，做的事情越多，你的地位越重要，掌握的个人资源和工作资源也就越多，情形对自已就越有利。

温州有一家民营企业的总裁，是典型的中国民营企业的老板，精力旺盛，胆识过人，精明干练，目光敏锐，能洞悉行业发展趋势。但他在管理方面却独断专行，对部属说话时总是命令式的口吻："去把这个拿来！""去把那个拿来！""现在干这个！""等一下干那个！""不用说了，就按我说的去做吧！"这种管理风格虽然很高效，却也引起很多员工的不满，使老板与员工的关系非常紧张。这几乎让所有主管人心涣散，一有机会便聚集在走廊上大发牢骚，全是抱怨老板的话，久而久之，主管们都变得消极了，许多事都懒得管了。

然而，有一位主管却和大家完全不一样。他从来没有抱怨过，相反，他比过去做得更多了。别的人懒得管、不愿管或故意放在一边的一些工作，他都主动地揽过来办，只要见到要做却没有人做的工作，他都积极地去做，并且把它做好。但他的待遇没变，老板对他的态度也没有改变，以至于好多人都笑他傻。

有一次这位主管的工作终于打动了总裁。总裁当时在国外，急需一份谈判的材料，但秘书也跟着他在国外，一时不知如何是好就给这位主管打了个电话，这位主管马上说他来办这些事，总裁几乎不抱任何希望。但是结果却大出总裁的意料之外，这位主管不但提交了所要求的资料，而且还附上了正好需要的其他材料，甚至分析了最担忧的问题，提出了各种建议。他的建议切合实际，分析也切合资料。正是由于这份详尽丰富又极有见地的材料，让谈判出乎意料地顺利，这位主管的才能终于得到了老板的重视。

以后再开会时，其他主管依然被命令行事，唯有那位一切从改变自己开始、自动自发、积极补位的主管会被征询："你的意见如何？"他在总裁心目中的位置很重，也理所当然地得到了晋升和加薪。

由此可见，人在职场，我们不但要做好自己的本职工作，还应当善于"查漏补缺"，采取有效的手段及时处理工作中出现的种种问题，不仅把工作做到位，在不越位的情况下随时准备补位，一定会成为企业最需要的员工。这样的员工也就是给自己的成功架设了更多梯子，他们自然比别的员工有更多的提升机会。

7 把认真作为自己的座右铭

世界上怕就怕"认真"二字。

——毛泽东

认真的态度不管在什么时代什么环境下，都是做好工作的基本前提和保障，没有认真的态度，是不可能做好工作的。

在职场中，有一种很普遍的现象：每天走进办公室，很多人想的不是如何更好地完成工作，而是处心积虑地去糊弄工作，能少干一点绝不多干一分。他们自以为很聪明,马马虎虎应付每天的工作,常常暗自窃喜,殊不知,糊弄工作,就是在糊弄自己。

有一名编辑,在县报干了10年,仍然是个编辑。后来报社精简人员,他应聘到省城的一家媒体工作,只3年,他便成了编辑部主任。

有一些不同的故事版本解释他的发迹,其中有一种最可信。在县报,编辑如果出了差错,错一个字扣3元,事实性差错扣5元,即使把领导职务排错,最多只扣50元。但在省报错一个字扣50元,事实性差错扣300元,如果出现领导职务排错,那么就不是用钱可以惩罚的了。

在省报担任编辑的两年,他被扣了2000多元,都是些小差错。有一次,他在排一则通稿的时候,不知是粘贴时出错,还是排版出错,一则十分重要的新闻中少了一个领导人的名字。报纸第二天发行后,政府部门就把电话打到了总编辑那儿。

总编辑立刻把他召到报社,然后是一通狠批。接着,政府宣传部门对他本人出示了警告通知。在巨大的压力下,他没有倒下。在此后的新闻编辑过程中,他再也没有出现差错。据他本人说,只要在新闻中一看到名字,他的双手就要冒汗。很显然,他从那次警告中明白了责任的重量。否则,他可能仍然继续着那些不大不小的错误。

粗心、大意、草率、敷衍等这样一些行为,都是认真的反义词,都是与认真的态度格格不入的,是糊弄工作的态度,这样的态度,是不可能把工作做好的。只有明白了认真才是做好工作的前提,认真才能真正走向成功,把认真作为自己座右铭的人,才能真正把工作做好。这其实也是职场的一个真理。

任何一份工作,不管它有多平凡或是多艰难,只要我们认真去做,全力以赴去做,就能化难为易。因为认真就意味着你在用生命,所有的力量,用全部的热情,坚持不懈地去做一件事,这样的态度,还不够把一件事做好吗?

1998 年 4 月,海尔集团在全公司范围内掀起了向洗衣机本部住宅设施事业部卫浴分厂厂长魏小娥学习的活动,学习她"认真解决每一个问题的精神"。

为了发展海尔整体卫浴设施的生产,1997 年 8 月,33 岁的魏小娥被派往日本,学习掌握世界上最先进的整体卫浴生产技术。在学习期间,魏小娥注意到,日本人试模期废品率一般都在 30%～60%,设备调试正常后,废品率为 2%。

"为什么不把合格率提高到 100%?"魏小娥问日本的技术人员。"100%? 你觉得可能吗?"日本人反问。从对话中,魏小娥意识到,不是日本人能力不行,而是思想上的桎梏使他们停滞于 2%。作为一个海尔人,魏小娥的标准是 100%,即"要么不干,要干就干到最好"。她拼命地利用每一分每一秒的时间学习,3 个月后,带着先进的技术知识和赶超日本人的信念回到了海尔。

时隔半年,日本模具专家宫川先生来华访问,见到了"徒弟"魏小娥,她此时已是卫浴分厂的厂长。面对着一尘不染的生产现场、操作熟练的员工和 100%合格的产品,他惊呆了,反过来向魏小娥请教。

"有几个问题曾使我绞尽脑汁地想办法解决,但最终没有成功。日本卫浴产品的现场过于脏乱,我们一直想做得更好一些,但难度太大了。你们是怎样做到现场清洁的? 100%的合格率是我们连想都不敢想的,对我们来说,2%的废品率、5%的不良品率已经是合乎标准,你们又是怎样提高产品合格率的呢?"

"认真。"魏小娥简单的回答又让宫川先生大吃一惊。用心,看似简单,其实不简单。

从日本学习归国之后，魏小娥重点抓卫浴分厂的模具质量工作。无论是工作日还是节假日。魏小娥紧绷的质量之弦从未放松过。在一次试模的前一天，魏小娥在原料中发现了一根头发。这无疑是操作工在工作时无意间落人的。一根头发丝就是废品的定时炸弹，万一混进原料中就会出现废品。魏小娥马上给操作工统一制作了白衣、白帽，并要求大家统一剪短发。又一个可能出现2%废品的问题被消灭在萌芽之中。

2%的责任得到了100%的落实，2%的可能被一一杜绝。终于，100%，这个被日本人认为是"不可能"的产品合格率，魏小娥做到了，不管是在试模期间，还是在设备调试正常后。

认真是做好事情的前提。人们常说，**用力只能把事情做到，用心才能把事情做好**，如果我们时时保持认真的态度，把认真作为我们的座右铭，用心去做任何一件工作，我们一定可以把它做好做到优秀和卓越。

8 专心致志做好自己的工作

对于大多数人而言，他们肯定是一直在做一些事，唯一的区别是，他们做很多事，而我只做一件。

——爱迪生

专心致志就是集所有的精力于一点，就是一心一意，执著坚持于自己的目标，不为任何事情干扰，不达目标绝不罢休的行为。

专心致志是优秀员工的工作态度，是平庸和卓越的分水岭。没有专注，就不可能有成功。因为一个人如果不能专注于自己的工作，三心二意，三天打鱼两天晒网，东张西望，左顾右盼，怎么可能取得成就？

大家都耳熟能详的《小猫钓鱼》的故事，就是对三心二意和专心致志的最好阐释。一心不能二用，不能做到专心致志地做一件事，就只能是一无所获的结果。所以，专注，对于做好任何事，都是非有不可的态度。

有一个年轻人，到少林寺拜师学艺，准备练好武功之后，替父亲报仇，因为他父亲无端地被盗匪杀死了。年轻人问道："请问师父，我要练多久，才能出师？"

"大概 5 年吧！"师父说。

"啊，这么久啊？"年轻人急切地问："假如我比其他弟子加倍地努力，是不是可以提早学成武功呢？"

"这样子的话，你大概需要 10 年！"师父说。

"什么？10 年？那如果我再加倍、加倍地努力学习呢？"

"20 年吧！"师父淡淡地回答。

这时，年轻人愈听愈糊涂，说："师父啊，怎么我愈是加倍地练习，我学成武功的时间就更加长呢？"

"因为，**当你的一只眼睛一直盯着结果看时，你就只剩下一只眼睛可以专注于练习了！**"师父说。

当一只眼睛盯着别的东西时，另一只眼睛也就不可能全神贯注。要想达成我们心里的梦想，唯一的最好办法就是将我们全部身心都集中于这一点，才能事半功倍，最快达到自己的目标。

这就是专注的力量，聚所有的精力于一点，聚所有的能量于一处，太阳的光芒也能点燃的大火，再平凡的工作也能做出非凡的成就。

有个中学毕业的荷兰农民，无法在大城市找到工作，只好回到小镇，但是小镇也没有适合一个中学生的工作，他只好去了镇政府看大门。

看大门的工作实在是太清闲了，实在没有什么事做时，这个青年选择了最费时费工的打磨镜片作为自己的业余爱好，他每天就这样不紧不慢、不慌不忙沉着性子打磨，日复一日，月复一月，年复一年，他这样磨呀磨，不知不觉 60 多年过去了，除了看大门,60 多年以来他只做了一件事——磨镜片。但是正因为他专注于这一件事,他磨镜片的技术也成为全国一流的,而且他还因为磨的镜片实在太好,可以把微小的物体放大好多倍,从而使他发现了从来还没有被人发现过的另一个神奇的世界——微生物世界,他的发现震惊了全世界。

为了表彰他为人类作出的卓越的贡献,中学文化的他被授予巴黎科学院的院士,英国女王还专程到小镇会见他。

这不是传说中的故事,而是实实在在的真实的人物,这就是科学史上最著名的发现微生物的荷兰科学家万·列文虎克。

可见,只要专心致志坚持不懈地去认真做一件事,这件事一定会带给你成功的喜悦。很多天资不高的人之所以能够比聪明人的成就更大,只因为他们掌握了认真专注这个秘密武器。再有能力的人如果把精力分散在很多工作中,他致力于每一件工作中的精力就会很少,这样当然很难把工作做好,其结果肯定远远不如那些能力不大但专注于一件工作的人。而那些执著专注、认准一个目标,集中力量,不彷徨,不迟疑,坚持到底的人,成功一定属于他们。

美国著名作家卡尔·桑德堡著有六卷本的《林肯传》,并因此而获得 1940 年普利策历史著作奖。桑德堡花了多年时间来写作《林肯传》,那时他住在密执安湖边。每天早上,在固定的时刻,他都会出现在湖边的沙滩上,一边低头漫步,一边聚精会神地构思。当地人说他天天如此,非常准时,甚至可以用他来对表,他的专注让大家都觉得不可思议。有几位邻居决定开个玩笑,他们花钱请来一位又高又瘦的演员。一天早上,他们给他戴上长胡子和一顶高帽子,穿上大衣,披上披肩,打扮得像地狱来的死神,然后让他朝桑德堡走去,邻居们躲在远处,想看看会发生什么情况。只见两人慢慢走近,又交错而过,桑德堡抬了头,又低下头去。那位演员回来后,邻居们围住了他:“他干了什么？”

“什么也没干，只是看了看我。”

“什么也没干？”

“他鞠了躬。”

“他没说些什么吗？”

“他鞠躬后说：‘早上好，总统先生。’”

邻居们这下彻底被桑德堡的专注精神折服了。原来桑德堡的心中只装了一个人一件事——总统，林肯传。

桑德堡不仅是一位伟大的传记作家，更是一名著名的诗人。1950年，他因《诗歌全集》而再获普利策奖。但他写《林肯传》的时候就只专注于传记的写作，而完全不去想诗歌，写完《林肯传》之后，再全心全意去搞诗歌创作。

可见，做好工作最需要专注的精神，当你工作时，你应该把精力都倾注在事业上，不管你的工作是什么，一定要用心地去经营，当你见到他们所带给你的成果时，一定会惊讶的。

专注是一种巨大的潜在内驱力，即使你是一个很平凡的人，但只要你有一种顽强的毅力，一种在任何情况下都坚如磐石的决心，一种从不受任何诱惑、不偏离自己既定目标的能力，一种目标明确、不屈不挠、坚持到底、不达目的绝不罢休的恒心，你就一定能够获得巨大的成功。每一个人的时间、能力、精力都是很有限的，如果你想在各个方面都取得巨大的成功，那是不可能的，在这个世界上再也没有比把自己宝贵的精力无谓地分散到许多事情上更糟糕的事了。

有一只兔子，身材很修长，天生就很会“跳跃”，所以它一直有着“跳远冠军”的美誉，为此，它感到无比自豪和光荣。一天，森林里的国王宣布，要举办运动大会，以提倡全民运动。

于是，兔子就报名参加“跳远”项目。果然兔子又击败了鸡、鸭、鹅、小狗、小猪……夺得了跳远比赛的冠军。

后来，有一只老狗告诉兔子："兔子啊，其实你的天分资质很好，体力也很棒，你只得到跳远一项金牌，实在很可惜。我觉得，只要你好好努力练习，你还可以得到更多比赛的金牌啊！"

"真的啊？你觉得我真的可以吗？"兔子似乎受宠若惊。

"没错啊，只要你好好跟我学，我可以教你'跑百米'、'游泳'、'举重'、'跳高'、'推铅球'、'跑马拉松'……你一定没问题啊！"老狗说。

在老狗怂恿之下，兔子开始每天练习"跑百米"，早晚也跳下水"游泳"，游累了，又上岸，开始"练举重"；隔天，跑完百米，赶快再"练跳高"，甚至撑着竿子不断往前冲，也想在"撑竿跳"比赛中夺魁。接着，又推铅球，也跑马拉松……

第二届运动大会又来了，兔子报了很多项目，可是它"跑百米"、"游泳"、"举重"、"跳高"、"推铅球"、"跑马拉松"……没有一项入围，连以前最拿手的"跳远"，成绩也退步了，在初赛就被淘汰了。

有很多人，很多企业最常犯的错误就是没有把自己的精力集中用在一个点上，他们总是兴趣广泛、爱好众多，贪心不足，这山望得那山高，朝三暮四，浅尝辄止，会做的事情太多，到头来却诸事平平，什么都没有干成，就像这只兔子一样。

每一个人都有自己的岗位，每一个人都有自己的特长，你只有致力于自己的岗位，专注于自己的特长，你才能够把岗位工作做得更好，使自己的特长变得更专业。千万别总是认为自己是一个无所不能的全才，即使别人说你是全才，你也应当好好地掂量一下自己的能力，因为在这个世界上，最了解你的还是你自己，否则的话，你就像这只兔子一样，到最后可能会得不偿失，一败涂地。其实，兔子能够获得"跳远冠军"的美誉，就是因为它专注于"跳远"这一领域，并在此领域拥有着别人无法匹敌的优势。既然如此，兔子又何必一定还要去"跑百米"、"游泳"、"跳高"、"举重"、"推铅球”、“跑马拉松”……贪心地什么都想拿第一呢？

一个人的精力是有限的，是不可能将所有的事情都做完的。只有当你专注于最重要的事，你才能更有效地使用你的精力，完成一件事后再开始做下一件事，才能提高效率。在工作中不是每一件事都同等重要，我们在用有限的精力去面对多件事情时，就要学会从中选出最重要、最需要马上处理的事情，专注地把它做好。千万不要眉毛胡子一把抓，这是最没有效率的一种方法。

一生中有1000多种发明的世界上最伟大的发明家爱迪生是这样说的：“成功的第一要素——呃，就是能够将你身体与心智的能量锲而不舍地运用在同一个问题上而不会厌倦的能力……你整天都在做事，不是吗？每个人都是。假如你早上7点起床，晚上11点睡觉，你做事就做了整整16个小时。对大多数人而言，他们肯定是一直在做一些事，唯一的区别是，他们做很多很多事，而我只做一件。”

专注于一件事情上，至少在做某一件事情的时候要集中精力专注于此，这样才可以使你的思路更连贯，工作才会富有成效。

培养专心致志的工作精神吧，从现在开始，一心一意专注于自己的工作，认认真真做好每一件小事，成功一定就在不远处等着你。

9 再平凡的岗位一样能够创造出辉煌的人生

我很平凡，但我总是脚踏实地地干，从一个小医生开始我就把医学当成了我毕生的事业。

——威廉·奥斯拉

几乎所有的人都希望自己能成功，渴望拥有辉煌灿烂无限精彩的人生，但是为什么不是所有的人都能梦想成真呢？当然其中的原因是多方面的，有先天的因素，也有后天的原因，有天时、地利、人和的共同作用。但是无论如何，拥有完美的工作志度，是成功的先决条件。不管你处在多么平凡的岗位上，只要你有敬业、负责、勤奋、认真、专注、热情的工作态度，你一样可以拥有辉煌的人生。一位普通的巡线工用自身的经历为我们上了生动的一课。

吉林省电力有限公司吉林供电公司桦甸供电分公司送电检修班普通工人吕清森，31 年间只做了一件事——巡线；只走了一段路——47 公里输电线的巡线路。但就是这样普通的岗位和普通的工作，却让吕清森谱写出了不平凡的人生。31 年来，他奔走 7 万多公里，发现输电线路缺陷数千处，为国家和企业避免经济损失数千万元，荣获"全国五一劳动奖章"等 10 多项荣誉。

红白线（红石至白山）蜿蜒于群山密林之中，是吉林地区海拔最高、环境最差、巡护难度最大的一条 66 万千伏输电线路，平均海拔高度在 500 米以上，几乎是一个山头一座铁塔，最高的一座位于海拔 1100 米高的山上。1979 年，吕清森开始在这条线上进行巡线检护工作。望远镜、扳手、钳子、纸笔，再加上干粮和水，他每次巡线负重十几斤，每年都要穿坏四五双鞋。这么艰苦的工作，吕清森一干就是 31 个春秋。

31 年巡线间，他和线路一起迎接了无数的春夏秋冬。春季，山雪融化，裤腿常常被打湿大半截，两条裤腿被冻成冰筒打不了弯儿。等天气暖和一点，隐藏在草丛里的"草爬子"就专往人的头发和皮肤里钻，被叮咬后，极易引发疾病。夏秋季，森林里树高叶茂、闷热不透风，一条路走下来，脸上、手上都是蚊虫咬的包，粘在衣服上的汗都能拧出水来。极端天气时，故障易发，就要加大巡查力度，遇上下雨，山路泥泞不堪，数不清一路跌倒了多少次。冬天，大雪没腰，迈不动步就在雪上爬或滚，上肢像游泳、下肢像跨栏，过了一个山坳，上半身被汗水浸透，下半身被雪水浸透。

31 年巡线间，吕清森多次和狼不期而遇，但没有一次因为害怕放弃过对线路的巡视。每次巡视线路，吕清森都要带上一根棍子，在森林里一边走，一边四处敲打，为的是“弄出些动静，吓唬动物，给自己壮胆”。

一次，吕师傅在巡视时，发现不到 5 米处，一只黑熊正在树上吃梨。吕清森心里咯噔一下，定了定神，慢慢向后退，一直退到山下。巡视完后，他用笔记下“194 到 195 号间，有熊出没，注意安全”。在 31 年巡线路上，吕清森不知有多少次和狼、熊、野猪等野兽不期而遇，险象环生，但都被他机智地躲过。如今，吕清森通过动物的粪便、脚印和留痕，就可以分辨出是哪一种动物，这种动物大约在什么时间离开。

线路的塔号、村屯地界、风向、覆冰现象、塔上的绝缘子……本子上密密麻麻的符号和数字，体现一名普通巡线工人执着的钻研精神。在 31 年的巡线工作中，吕清森记下的巡线记录有几十本。

巡线过程中，吕清森处处留心，时时琢磨，用实践得出的“真知”解决了许多输电线路的“常见病”。

架线水泥杆经常出现裂纹、冻鼓或麻点等问题，给安全生产带来隐患，但要大量、频繁更换又会给企业造成经济损失。在工作之余，吕清森查看了大量的水泥杆，发现很多水泥杆由于各种原因，呼吸孔（透水眼）被堵死，导致水泥杆“无法呼吸”，经冷暖变化热胀冷缩，水泥杆会胀开。

因此，无论春夏秋冬，吕清森始终根据阳光朝向、风向、地表温度和湿度等，坚持对电杆的内外部温度、强度及变化情况进行测试和记录。工夫不负有心人，经过近 10 年的观察试验，他终于发现了水泥杆出现横向裂纹的规律，提出了“水泥杆底段抽水、灌砼、打套筒”的解决办法。

他根据“红白线”铁塔结构、导线走向、金具配置等不同特点，将其划分为九个重点巡护段。并在巡护中总结出一套成功的巡视方法，有效地保证了“红白线”连续31年安全运行无事故。多年的摸索和细心总结，也使吕清森练出一双“神眼”，能及时捕捉到输电线路中常人难以发觉的变异。在一次巡线中，他发现“红白线”120—121号杆塔间离地面50多米高的导线有断股的可能，马上向公司汇报。当工程技术人员来到现场用望远镜和经纬仪检测时，未发现缺陷，可大家按照老吕的方法却找出了问题，发现导线断了6股，属于输电线路中的一类重大隐患。

“老吕有特异功能啊!”在场的人惊叹不已。吕清森却淡淡地说:“我哪里有什么特异功能，我只是用了采光巡线法!”

采光巡线法，是吕清森首创的结合所巡线路各段的具体情况，采取在光线充足的时间和光线与观测角度适合的位置巡视线路的方法。为掌握光线变化规律，吕清森系统学习和记录了24节气和每天太阳光线变化的情况，掌握了线路沿线特征及每段线路在不同季节、不同时间的情况，线路各部位受光情况，适于观测的合适位置，两侧山峰或树木等对光线的遮蔽和遮蔽时间等，这样，就能使线路每个部位都能在光线充足、观测角度适合的情况下检查。目前，吉林供电公司已下发文件总结吕清森的巡线方法并以他的名字命名为“吕清森采光巡线法”，并系统推广。吕清森在自己平凡的岗位上谱写了一曲不平凡的人生之歌，用自己的辛勤劳动创造了人生的辉煌。

没有人生来伟大，也没有人生来平庸，只要自己努力、勤奋，用卓越的态度去工作，再平凡的人再平凡的岗位都可以创造出辉煌。卓越的态度正是所有成功者的共同特质。他们热情、专注、认真、负责、服从、主动……成功确实有秘密,秘密正是在他们的这些特质里。

邓亚萍小时候因为个子很矮,被省乒乓球队以"个子太矮,没有发展前途"为由退回,这让邓亚萍深受打击,但她没有认输,而是谨记爸爸的话:"先天不足后天补,只要有特长和扎实的基本功,何愁不会脱颖而出!"她开始了刻苦训练。

当时,郑州市乒乓球队的条件十分艰苦,连一个固定的训练场地都没有。邓亚萍和她的队友们一开始在一间暂时不用的澡堂里练球,后来又转移到一个小学的礼堂,最后才搬到市体育场靶场二楼的训练房。夏天,训练房里的温度非常高,可队员们在里面一待就是一整天,挥汗如雨,衣服都湿透了。冬天,室内十分寒冷,队员们的双手常常肿得像面包,甚至开裂。

无论训练多么严格、条件多么艰苦,全队年纪最小、个头最矮的邓亚萍都咬牙坚持下来,甚至比别人做得更出色。训练房离邓亚萍的家不远,但她从不擅自回家,她那不服输的拼劲,让很多比她大的队员都自叹不如。正是在这里,邓亚萍练出了"快、怪、狠"的战术,那就是正手球快、反手球怪、攻球狠,这成了她以后打球最突出的风格。

工夫不负有心人。1986年,在全国"乒乓协杯"比赛上,邓亚萍战胜了当时的世界冠军戴丽丽,从而一战成名!河南省乒乓球队最终向邓亚萍敞开了大门。回想起3年来的辛苦训练,邓亚萍自信地说:"我一定要更加努力,取得更好的成绩!"从此,她更加刻苦了,拼命地练球,休息的时间被一缩再缩。

邓亚萍的努力得到了回报,1988年,15岁的邓亚萍夺得了第六届亚洲杯乒乓球比赛的女子单打冠军。进入国家队后,邓亚萍依然保持着勤奋、刻苦的精神。

训练时,教练最常给邓亚萍的指示不是"要多练",而是"要注意休息,别练过了"。邓亚萍的训练量常超过正常运动员。平时，队里规定上午练到11时，她给自己延长到11时45分；下午训练到6时，她练到6时45分或7时45分；封闭训练时晚上规定练到9时，她练到11时。一筐200多个训练用球，邓亚萍一天要打掉10多筐，练一组球的脚步移动，相当于跑一次400米，邓亚萍的一堂训练课，相当于跑一次1万米，这还没算上数千次的挥拍动作。有人统计过，邓亚萍平均每天加练40分钟，一年就比别人多练40天。

练全台单面攻，她腿绑沙袋，面对两位男陪练左奔右突，一打就是两个小时。多球训练时，教练将球连珠炮般打来，她瞪大眼睛，一丝不苟地接球，一口气打1000多个。教练曾经统计过，她一天要打1万多个球。邓亚萍每天练球，都要带两套衣服、鞋袜，湿了一套再换一套。她经常因为训练错过吃饭的时间，所以只能用方便面对付一下。

一次次的南征北战，邓亚萍捧回了一枚枚金牌，并一次次地把目光投向更远的目标。在1992年巴塞罗那奥运会和1996年的亚特兰大奥运会上，邓亚萍蝉联了乒乓球女子单打、双打的冠军。

邓亚萍说："一个人追求的目标越高，他的才能就发展得越快。但我也深深懂得，要在比赛时打败对手，必须从一板一球做起。只有脚踏实地，抓牢今天，才能把握明天。"

1997年，邓亚萍从她深爱的国家乒乓球队退役了。这时，她已经将自己的名字刻遍了世界大赛的金杯，为祖国争得了荣誉。虽然她的身高只有1.5米，但她是乒坛的巨人。

一点一滴的积累，超人的付出，不服输的精神，使邓亚萍的球艺和战术不断升华，于是，在身高上先天不足的她却理所当然地站在了乒乓球运动的巅峰。

成功靠的是自己，靠得是自己对工作的热忱，对梦想的向往，对事业的追求,靠的是忠诚敬业的精神,是一往无前的勇气,是坚持不懈的执著。态度决定一切,有完美的态度就可以赢取完美的人生。

重庆煤炭集团永荣电厂的罗国洲,是一名有 30 年工龄的普通而不平凡的员工,从烧锅炉到司炉长、班长、大班长,至今他仍深情地爱着陪伴他成长并成熟的锅炉运行岗位。就是在这个岗位上他当上了锅炉技师,成为远近闻名的“锅炉点火大王”和锅炉“找漏高手”;就是这个岗位,让他感受到了一名工人技师的荣耀和自豪。

罗国洲有一副听漏的“神耳”,只要围着锅炉转上一圈,就能在炉内的风声、水声、燃烧声和其他声音中,准确地听出锅炉受热面是哪个部位管子有泄漏声;往表盘前一坐就能在各种参数的细微变化中,准确判断出那个部位有泄漏点。

除了找漏,罗国洲还练就了一手锅炉点火、锅炉燃烧调整的绝活。在用火、压火、配风、启停等多方面,他都有独到见解。锅炉飞灰回燃不畅,他提出技术改造和加强投运管理建议,实施后使飞灰含碳量平均降低到 8%以下,锅炉热效率提高了 4%,为企业年节约 32 万元。针对锅炉传统运行除灰方式存在的问题,罗国洲提出“恒料层”运行,经实施,解决了负荷大起大落问题,使标煤耗下降 0.4 克/千瓦时,年节约 200 多万元。

罗国洲学历不高、工种一般、职务很低,但他却成为社会公认的技术能手和创新能手,赢得了无数的荣誉和全社会的尊重。

敬业才能立业,敬业才有事业,敬业高度决定人生高度……这样的话每个人已耳熟能详,但光看了听了熟了甚至记住了,都远远不够,还必须用自己的行动去践行,才能让自己出类拔萃,脱颖而出。只有敬业的人才会在任何时候、任何地方都能专注于自己的工作,即使是最平凡的工作也能做出最不平凡的业绩。

全国著名劳动模范、北京市 21 路公交车售票员李素丽就是这样一个成功的典范。

当时21路公共汽车北起北京北站，南到北京西站，沿线10公里分布14个车站。在这个平凡的岗位上，李素丽根据乘客的不同需求，给他们最需要的服务：老幼病残孕，怕摔怕磕怕碰，李素丽搀上扶下；“上班族”急着按时上班，李素丽尽量让他们上车；外地乘客容易上错车或坐过站，李素丽及时提醒他们；中小学生天性活泼，李素丽提醒他们车上维护公共秩序，车下注意交通安全。李素丽习惯在车厢里穿行售票，车里人多，一挤一身汗，可她说：“辛苦我一个，方便众乘客。”李素丽售票台的抽屉里总是放着一个小棉垫，那是她为抱小孩的乘客准备的，有时车上人多，一时找不到座位，李素丽就拿出小棉垫垫在售票台上，让孩子坐在上面……

多年来，李素丽用自己日复一日的劳动给人们带来真诚的笑脸、热情的话语、周到的服务、细致的关怀，被人们誉为“盲人的眼睛”、“病人的护士”、“乘客的贴心人”、“老百姓的亲闺女”。

“礼貌待客要热心，照顾乘客要细心，帮助乘客要诚心，热情服务要恒心。”这是李素丽为自己定的服务原则。

李素丽始终如一地遵守职业道德，发扬“一心为乘客，服务最光荣”的行业精神，钻研业务，爱岗敬业，全心全意，真诚热情地为乘客服务，在最平凡的岗位上做出了最出色的业绩，1996年被授予全国劳动模范，成为人人学习的典范，爱岗敬业的标兵。

影响一个人的因素是什么？是这个人的学历还是这个人的工作经验？都不是，而你对工作的态度。

成功其实和工作性质、工作岗位都没有太大关系。不论你现在正从事什么样的工作，只要你认真去做，以卓越的态度去做，成功一定属于你。

哲理 4　敢负责任才能担当大任

责任至高无上。因为责任关系到安危，关系到成败，关系到存亡，关系到生死……如果没有了责任，这世上的任何东西也就没有了保障。每一份工作都是一份责任，职位越高，责任越大。所以，要想迅速晋升，担当大任，只有具有高度的责任心，勇于负责，敢于负责，任何时候都不会推卸责任的人才有资格。

1 一份工作就是一份责任

责任无人不有，责任无处不在。

——职场箴言

工作就意味着责任，一份工作就必须要承担一份责任，不论你是教师、警察、士兵、司机、法官、清洁工、服务员，白领、蓝领还是红领，你的工作就是你的责任，不能推卸也无可逃避。你做每一份工作，就必须负起一份责任，这是一个职员最基本的道德素质。当你因为面对工作的难题而苦恼时，记住这是你的工作。你选择了它，就要有为它负责到底的准备，因为选择工作的同时也选择了责任。在这个世界上，没有不需要承担责任的工作，也没有不需要完成任务的岗位。优秀都是从负责开始的。甚至有许多人为了负起责任不惜付出生命的代价。

许建华是宁夏公路管理局银川分局的一名普通养路工人，他为人忠厚诚实，工作兢兢业业。在生产乳化沥青的过程中，他每天都坚守在操作台前废寝忘食地工作。在乳化沥青车间，经常伴随着乳化剂与盐酸那种令人窒息的气味，但是他从来没有任何抱怨。有时遇到机械发生故障，他总是让其他同志先休息，自己留在车间继续工作，一干就是十七八个小时。他经常在七八米高的成品罐上爬上爬下鼓捣阀门，这是很危险的工作，但是越危险，他越抢着去干。

2004 年 6 月，一场治理车辆超限超载的攻坚战在全国范围内打响。为了认真落实上级治超的有关精神，宁夏公路管理局银川分局在全分局范围内挑选精兵强将到广武检查站工作。2004 年 8 月，作为一名优秀的年轻养路工人，许建华从黄羊滩养护中心被选拔到广武检查站工作。参加超限超载运输治理工作以后，他忠于职守、尽职尽责地战斗在治超第一线，为治超工作的顺利开展和有效推进做出了应有的贡献。在广武检查站，他主要负责超限超载车辆的卸载以及给司机做宣传教育工作。针对有些司机不配合处理和无理取闹，许建华总是运用有关法律、法规，结合事例向司机做好耐心细致的宣传工作，从未因为一些司机的刁难粗鲁而与他们发生口角。在工作中，监督卸货是一个很重要的环节，司机往往因不愿卸载而和检查人员发生冲突。可是许建华面对有些司机的口头谩骂和人身攻击，从未退却胆怯过，依然严格按照规定尽职尽责地做好本职工作。

许建华经常对同事们说："我要珍惜自己的工作岗位，对我的工作负责，有多大力就发多大光，干啥工作就要把啥工作干好。"在广武检查站半年多的工作时间里，他从没有请过一次假，更没有在本职岗位上迟到早退，他忠于职守、尽职尽责的态度从日常的工作和生活中就能找到答案。许建华与同事们和睦相处，团结协作。如果别的同事有事向他提出顶班，他从没有说过"不"字。他把最无私的关爱和帮助给了同事，而在家庭最需要他的时候，却没有尽到一个丈夫应尽的责任。2004 年 9 月，许建华的妻子临产住院，需要他陪在身边，可直到孩子出生的前一天，他才匆匆赶回去。尔后，又要当班的他毫不犹豫地踏上了工作的征途。

在广武检查站，他是一位人见人夸的好职工；在家中，他尽最大的努力承担做儿子、做丈夫的责任。2005 年 3 月 24 日。许建华与家人团聚，闲谈时他无意中提到，个别司机在检查站放言"压死一个够本，压死两个就赚了。"父母听后叮嘱他一定要留心。母亲张凤琴劝儿子："能挡就挡，挡不了就算了，干啥那么认真？"许建华却说："这是我的责任，我不挡车谁挡？如果都这样，国家还花那么多钱‘治超’干啥？关键时刻，不能不挡，放过一个，后面的都跟着跑了！”

正当他满怀激情为治超而努力奋斗之时，暴力抗法的歹徒夺走了他年轻的生命。2005年3月31日上午10时50分，一名利欲熏心的司机恶意冲关，将许建华撞倒并拖出113米碾压致死后逃逸，年仅29岁的许建华光荣牺牲。

工作就是责任！许建华以生命为代价，诠释了这句话的分量。

工作就意味着责任。你的职位越高、能力越强、权力越大，肩负的责任就越重。不要害怕承担责任，要立下决心，勇于负责，你一定可以比别人完成得更出色。

2 责任至高无上

人生只有一种追求，一种至高无上的追求，就是对责任的追求。

——科尔顿

责任至高无上。因为责任关系到安危，关系到成败，关系到存亡，关系到生死……如果没有了责任，这世上的任何东西也就没有了保障。

那我们的生活何以为继？我们的安全如何保障？我们的生死存亡也只能听天由命了。叶志平，四川安县桑枣中学的校长，作为一名普通的农村学校校长，他上任后遇到了一个非常棘手的问题——学校的教学楼是一座建筑质量很差的建筑。初上任的他看到这栋楼后，一股强烈的责任感袭上心头，他暗自下了一个决心：一定要修好这栋楼，让孩子们安全安心地上课。

当发现新楼的楼板缝中填的不是水泥，而是水泥纸袋，他生气，找来正规建筑公司重新灌注混凝土；发现教学楼华而不实，有很沉重的砖栏杆，他生气，换上轻巧结实的钢管栏杆；他将整栋楼的 22 根承重柱子加粗并重新灌注水泥。这栋建设时才花了 17 万元的教学楼光加固就花了 40 多万元。没有钱，他就不断向教育局借；借到的钱有限，没办法一下子全部维修好，他就先重建厕所，再向水泥栏杆“开刀”……历时三年，才将那栋旧的教学楼维修好。

对于新建的楼他的要求更严，大理石墙面别人都是贴上去，他却怕掉下来砸到学生，让施工者在每块大理石板上打四个孔，然后用四个金属钉挂在外墙上，再粘好。汶川大地震时，这些大理石墙面没有一块掉下来。

叶校长凡事百分百负责任的严谨作风不仅体现在对危房实验楼的加固修缮中，更体现在组织紧急疏散的演习中。这类常规性的演习由于“实用率”很低，所以常常会成为“走过场”的“游戏”，老师不认真、学生敷衍了事，所以一般收效甚微。但叶校长则严格要求，每次演习都必须按照预先制订的方案一步不漏地进行，诸如两个班疏散时合用一个楼梯，每班必须排成单行；一个班的学生通常是 9 列 8 行座位，前 4 行从前门撤离，后 4 行从后门撤离，每列走哪条通道，甚至要求在 2 楼、3 楼教室里的学生要跑得快些，以免堵塞逃生通道；在 4 楼、5 楼的学生要跑得慢些，否则会在楼道中造成人流积压，等等，这类细枝末节都在考虑和安排之内。叶校长将此当做一项重大的常规工作坚持不懈地每学期做一次，而且一做就是四年。哪怕遭到学生的反对、教师的不解，叶校长也照做不误。坚持就是胜利，叶校长用自己的执著的责任心阐释了这一平凡的真理。

“5·12”地震时，叶校长正在绵阳办事。用他的话说，当时“根本站不住”，只能和当时一起出差的总务处主任互相抓着拉着才勉强站稳。地震一过，叶志平马上火速赶往学校，他心里最担心的是那栋教学楼能否在地震中挺住。

师生们按着平时演习的步骤疏散，全校2200多名学生、上百名老师，从不同的教学楼和不同的教室中，全部冲到操场，以班级为组织站好，用时1分36秒。

当叶校长从绵阳发疯似的赶回学校时，他的全部学生和老师都安全地站在操场上，老师们站在最外圈。他最担心的那栋花了40多万元修整的实验教学楼没有塌，地震时那座楼内有700多名学生和他们的老师，而学校以外的房子百分之百受损，90多位教师的房子全都垮塌。叶志平后来说，那时，他浑身都软了。55岁的他，哭了。

通信恢复后，只有叶校长这所学校的老师会骄傲地大声告诉家长：我们学校，学生无一伤亡，老师无一伤亡。学校的墙上写着：**"责任高于一切，成就源于付出。"**

在这个事迹被广泛流传后，网友们给叶志平起了一个非常"时尚"的名字——"史上最牛校长"，叶志平，这个普通的中学校长感动了所有的人，许多人称他为"真正的英雄"。

如果不是发生汶川大地震，叶志平也许一生都不会名扬天下，更不用说成为英雄。和通常的英雄不同的是，叶志平之所以成为英雄，并不是他们在危难之中做出惊天壮举，而是在漫长平凡的岁月里，持之以恒地对自己的工作负起百分之百的责任。在危难关头，这样的百分之百负责任的结果便成为惊天地泣鬼神的奇迹。

责任至高无上。一个负责的人，一个有高度责任感的人，甚至把责任看得比生命更重要。

毕业于西点军校的海军中将威尔逊，1870年加入海军，22岁升为上尉。1894年在一次海战中失去右眼，1896年晋升为分舰队司令，次年升为海军少将。在一次战役中丧失右臂，复员返乡。1896 年重返军队时晋升为海军中将。1899 年 10 月 21 日在吉巴特拉法尔加角海战中，大败法西联合舰队，最终挫败西班牙入侵美国的计划，他也在作战中阵亡。死亡之前，他最后的话是："感谢上帝，我履行了我的职责。"

威尔逊中将的事迹告诉我们：责任比生命更重要，只要心中常存责任感，时时刻刻都不忘落实自己的岗位职责，那么他就是一个值得尊重的人。责任比生命更重要。对于一个具有强烈责任感的人来说，责任至高无上，责任重于泰山。即使失去了自己的生命，他们也不会丢弃自己的责任。

公元前 490 年，希腊人和波斯人在希腊的马拉松进行了一场激烈的战斗，最终希腊人取得了胜利。将军米尔迪亚德命令士兵菲迪波德要在最短的时间内将捷报送到雅典，以激励身陷困境的雅典人。接到命令后，菲迪波德从马拉松平原不停顿地跑回雅典(全程约 40 公里)。当他跑到雅典把胜利的消息传达后，自己却累死了。人们为他们的英雄痛哭不已。希腊人赋予了他极高的荣誉，因为他把自己的责任看得比生命还重要，用生命诠释了责任的至高无上。

1896 年在希腊雅典举办的近代第一届奥林匹克运动会上，就用 40 公里这个距离作为马拉松长跑竞赛项目，用以纪念这位士兵，也为了激励那些能够坚持完成任务、富有责任心的人。

责任至高无上，一个人无论职务大小、地位高低，不管从事什么工作，只要你还在自己的岗位上，就应该安下心来，认真负责地完成这项工作，任何时候都牢记自己的责任，承担自己的责任，并且尽职尽责、尽心尽力地站好自己的那一班岗，一定可以赢得荣誉，获得成功。有很多人总以为自己地位低微，种种成就都不会属于自己，种种荣誉自己也不能享有。但实际上，荣誉和成功青睐每一个认真负责忠诚敬业的人，哪怕是一个清洁工，一个锅炉工，一个邮递员或是一个球员、一名医生、一名普通士后。只要在自己的岗位上真正领会到“责任至高无上”的内涵，领会到责任的重要性，百分之百负责地完成自己的工作，这样的员工迟早会得到加倍的回报。

责任至高无上。责任是一个人品格和能力的承载，是一个人走向成功必不可少的素养，承担责任既是一种崇高的职业道德，也是一种高尚的人格精神。所有成功的人，都是具有高度责任感的人。聪明、才智、学识、机缘等固然是促成一个人成功的必要因素，但缺乏了责任感，没有人可以取得成功。

3 责任保证安全

人一旦受到责任感的驱使，就能创造出奇迹来。

——门肯

安全，是每一个企业每一个员工的责任，只有责任能保证安全。要保证安全，靠的就是每一个员工强烈的责任心、责任感和高度负责的精神。在日常的生活工作中，在上班的每时、每分、每秒，安全的隐患随时都像凶残的野兽张着血盆大口，盯着我们脆弱的肉体，麻痹的神经。只有认真负责、踏踏实实、尽职尽责地做好每一份工作，站好每一岗，强化安全意识，增强责任心，勇敢地挑起责任的重担，安全才不受威胁，安全才有保障。而且这种责任意识越强，对安全的认识也会越深刻，安全也就越有保障。

有位游客独自在森林中漫步，因被迷人的风景所吸引，不觉之中迷失了方向。这时，迎面走来一位担山货的少女。

少女嫣然一笑：“先生是迷路了吧？请跟我来，我带你从小路下山，那里有旅游公司的汽车。”于是，游客跟着少女穿越丛林。

“先生，”少女说，“前面不远处就是我们这儿的‘鬼谷’，是最危险的路段，一不小心就会掉进万丈深渊。我们的习惯是路过此地必须要担点什么东西。”只顾观看风景的游客被少女的话惊醒了：“这么危险的地方，再负重岂不是更危险？”少女笑了：“只有你意识到危险，才会集中精力，那样反而更加安全。这儿发生过好几起坠谷事件，都是迷路的游客在毫无压力的情况下不小心掉下去的。而我们本地人每天挑着东西来来回回，却从来没有人出过事。”

游客惊出了一身冷汗，接过少女递来的两根扁担，扛在肩上，小心翼翼地走过这段“鬼谷”。两根沉重的扁担，在危险境遇中竟然成了“护身符”。

担着沉重的扁担就能够安全通过“鬼谷”，可见重任在肩，会使人更加聚精会神，更加注意细节，生怕自己一不小心而失足，从而能够更加注意自己的言行，更加细心。应用到工作中也是一样的：越是重视，不敢有任何一点差错，就越不容易出现差错；相反，如果做什么事情都漫不经心，没有任何压力和责任，往往会导致事故的发生。

对自己负责，对亲人负责，对生命负责，对幸福负责，这就是我们员工最大的责任，也就是员工肩头的扁担就是我们每个人的责任，责任让我们安全，责任保证安全。

漠视责任，忽视责任，玩忽职守，缺乏责任感，不仅会给别人、给企业、给社会带来危害，对自己也会带来不可挽回的严重后果。

放弃了自己对社会的责任，对企业的责任，对安全的责任，或者蔑视自身的责任，就意味着放弃了安全，放弃了自身在这个社会中更好生存和发展机会。相反，如果勇于承担了责任，任何时候都坚守住自己的责任，负起自己的责任，就能保证安全，为安全筑起一道防火墙，为安全织起一张安全网，为安全支起一座铁屏障，也为自己架起一架攀升的梯子。

2004年9月的一个深夜，在钢铁集团设在江西某大桥的工地上，职工们正在挑灯夜战。林小峰开车路过工地材料堆放处，发现远处有一个人肩上扛着一卷电缆线正在匆匆离去。有人偷工程材料！于是，他一边高呼“抓小偷”，一边开车向那人追去。狡猾的盗贼看有人追来，马上扔掉电缆线，冲下路基，向黑暗的田野里跑去。

林小峰来个急刹车，打开车门，跳下车，奋勇追去。盗贼慌不择路，跳进河里，林小峰也跟着跳进河里。当盗贼爬上对岸时，被林小峰紧紧抓住，大喝一声：“走，到派出所去。”盗贼狗急跳墙，恶狠狠地从身后抽出一把锋利的镰刀，拼命朝林小峰身上砍去，林小峰顿时血流如注。林小峰一边与盗贼英勇搏斗，一边用力高喊：“抓贼了……”

由于林小峰身上多处负伤，流血不止，体力不支，盗贼扔下镰刀，乘夜色逃匿了。

闻讯赶来的公司员工和几名在工地上的领导，连忙把受重伤的林小峰背上车，紧急护送到附近的医院救治。

林小峰为保护工程材料与歹徒搏斗负伤后，公司董事长赶到工地看望他，面对领导的夸奖，林小峰说：“这是我的责任。”

董事长非常感动，动情地说：“要是我们的员工都能像你一样勇敢地负起自己的责任，那我们的企业还有什么困难不能克服，还有什么隐患不能找出？你这样负责任的员工就是企业最需要的员工啊。”

是的，这样的员工是企业最需要的员工。责任保证安全，保证企业之树常青，也可以保证员工的职业之树常青，伤好后的林小峰很快得到了升迁。

责任保证安全，一个人无论职务大小、地位高低，不管从事什么工作，站在自己的岗位上，就应该负起自己的责任，做好安全工作，承担安全责任，尽职尽责、尽心尽力地站好自己的那一班岗，保证企业的安全、同事的安全、自己的安全。勇敢地承担起自己的责任,不推诿、不扯皮,投入热情,投入真心,从细节做起,从小事做起,从现在做起,才能让安全真正陪伴在我们身边,才能让每一个生命真正拥有青春和幸福。

责任让人勇敢,责任让人无畏,责任更让我们珍惜,责任保证安全。任何时候,只要想到我们的责任,承担我们的责任,把责任作为我们的信仰,把责任作为我们的使命,就一定可以保证安宁祥和的社会,保证我们的幸福,保证我们的生命安全。

2004年2月15日,吉林市某商厦发生特大火灾,造成54人死亡、70余人受伤,经济损失难以估量,对社会的负面影响更是难以用数字估计。事后查明,导致这场特大火灾的直接和间接原因有三:一是火灾是由商厦某雇员在仓库吸烟所引发;二是在此之前,商厦未能及时整改火灾隐患,消防安全措施没有得到落实;三是火灾发生当天,值班人员又擅自离岗,致使群众未能及时疏散,最终酿成了悲剧。这三方面无一不涉及员工责任心缺失的问题!

由此可见,责任心是安全生产的基石!需要责任心的地方,并不一定都马上涉及企业的生存,有时往往是那些看似无大碍的小节之处。这些小节的积累,就注定了企业的命运。

经常有这样的事情发生在我们身边:发送的邮件没有及时查收;电话那边明明有人却迟迟没有应答;员工一到下班时间就急匆匆赶回家,生怕耽搁一会儿就出现客户投诉或者其他事情耽误自己正常休息……这些问题看起来是微不足道的小事,但恰恰反映了员工的责任心。而正是这些体现员工责任心的细小之事,关系着企业的信誉、信用、效益、发展,甚至生存。

一个具有责任心的人,就是工作的"保险丝",让所有问题到他为止。责任心就是在日常工作中注重细节,上班时对每一颗螺丝的核实,下班时随手的关灯动作。如果连这些异常简单的工作都无法落实到位,就意味着责任心的严重缺失,同时也就失去了安全的最后屏障,随时可能造成无法挽回的灾难。

2004年3月31日，四川省自贡市的一辆公共汽车在刹车失灵的关键时刻，作为司机不是想办法抢救乘客的生命，而是弃车逃命，结果公交车坠入河中，造成几十人死伤。“死于敌手的锋刀并不悲苦，死于不知何来的暗器才是悲苦”，但最为悲苦的是死于那些既无职业道德，又无责任心的“利令智昏”者给无辜者所制造的灾难。

与此正好相反，同样是一位司机，责任心却让他伟大而崇高起来：

大连市有一位双层巴士司机在行驶途中突发急病。在生命的最后时刻，他做了三件事：把车缓缓地停靠在路边，用最后一点力气提起手动车闸；接着打开车门，请乘客下车；最后，将发动机熄火。在确保了乘客和车辆的安全以后，他趴在方向盘上停止了呼吸，静静地“走了”……

这两个案例从正反两面告诉我们一个普通的道理：只有责任才能保证安全！

高度的责任心不是一时一刻负责任，而是时时刻刻负责任。做事之前要想到后果；做事过程中尽量让事情向好的方向发展，防止坏的结果出现；出了问题敢于承担责任，事前、事中、事后，责任心贯穿始终，只有时时刻刻都把责任放在心上，都具有高度的责任心的人，才是勇于负责的员工。勇于承担责任和积极承担责任不仅是一个人的勇气问题，而且也标志着一个人是否自信，是否光明磊落，是否恐惧未来。

有一位伟人曾说：“人生所有的履历都必须排在勇于负责的精神之后。”对一个员工而言尤其如此，因为责任心的缺失使一个人无法负起安全责任，甚至会酿成大祸。

4　责任创造效益

一个人若是没有热情，他将一事无成，而热情的基点正是责任心。

——托尔斯泰

责任创造效益，这是一个简单不过的道理。因为负责才能把工作做好，负责才能避免损失，负责才能保证安全，负责才能创造效益，负责才能创造利润……总之一句话，没有责任，一切都没有保障，一切都是空谈。

比如一个护士不负责任，给糖尿病人输了葡萄糖液，损失的不仅是钱财还有人的生命，这难道有效益吗？又会带来怎样的后果呢？如果一个水泥工人在工作中因失误造成了一批水泥不合格，这一批水泥成为了废品，工厂的效益又从何谈起。如果一个财务人员在工作中写错了一个数字，又将为公司造成怎样的损失呢？所以，责任至关重要，责任至高无上！每一个员工都要牢记：信守责任，才能为企业避免损失，创造效益！

有高度责任心的优秀员工，在工作中是不会以及格为标准来衡量自己的，他们总是做事做到位，想方设法将工作做到最好，他们随时随地都会信守自己的责任，他们深知，工作与读书考试不同，不能只要求 60 分及格就行，工作一定要做到位，因为哪怕出现 0.01％的差错，也有酿成大祸的可能。而一旦酿成大祸，将会给企业造成无法估量的经济损失，更别说创造效益了。

所以，对工作负责至关重要，因为责任高于一切。

要做一个负责的员工，能为企业创造效益的员工，就一定要认真负责，千万不能马虎、大意、草率、疏忽。即使一个工作能力非常出色的人，如果他做事马马虎虎，不能时刻把责任牢记于心，同样无法避免犯错误，以至于毁掉自己的职业生涯。

在瑞典，瓦德尔制造公司奉行的是以人为本的管理理念，该公司因极少辞退员工而在世界范围内享有较好的口碑。

一个炎热夏天的上午，瓦德尔公司的一位资深老员工约克，为了能够赶在中午休息之前完成三分之二的零件，在切割台上工作了一会儿之后，就图省事把切割刀前的防护挡板卸下放在一旁。因为在没有防护挡板的情况下，收取加工零件会更方便、更快捷一点。

这已经不是约克第一次这样做了，他以前也这样做过几次。他感觉自己这样做没问题，因为自己的资历这么老，工作经验如此丰富，根本不会出什么差错。

约克在没有防护挡板的工作条件下工作了一个多小时。这时，到车间巡视的总裁发现了约克的这个举动，便走上前来，约克很窘迫，赶紧忙着解释。

总裁并不给他解释的机会，他大发雷霆，在命令约克立即将防护挡板装上之后，又站在那里控制不住地大声训斥了半天，这还没有完。第二天，在那间老员工受过好多次鼓励和表彰的总裁办公室里，总裁亲自宣布了要将他辞退的处罚通知。总裁说："身为老员工，你应该比任何人都明白认真负责对于公司意味着什么。如果没有认真负责任的态度，你就不是在为公司创造效益，而是在为我们制造麻烦，增加损失。你今天少完成几个零件，少实现了利润，公司可以换个人换个时间把它们补回来，可你一旦发生事故失去健康乃至生命，那是公司永远都补偿不起的……"

"我以后再也不会犯这样的错误了，看在以前我的工作成绩出色的份上，您就再给我一次机会吧……"约克苦苦央求。

总裁断然拒绝："如果我容忍了你这一次，你可能还会有第二次；即使你以后不会再犯这样的错误了，但别人呢？别人会以为我既然能够对你开恩，也就不会对别人下手，按照这样的推理，我们公司要是每个员工都犯一次你这样的错误，那公司还能够生存下去吗？”

约克被辞退，不是他的工作能力问题。事实上，在没有犯这个严重错误之前，他的工作一直都比较出色，在工作上是个非常有能力的人，他的失败就在于他的侥幸心理。

责任面前，根本容不得半点儿马虎，我们只有信守责任，才能够做好自己的工作，才能够避免重大经济损失，才能够减少一切不必要的开支或损失，少花冤枉钱才能真正为企业带来效益。

一个负责任的员工，对于企业的所有的事情都会认真仔细，不放过任何细微的漏洞，不让自己有任何疏忽，任何时候都把工作做到最好最完美，不让工作出任何的差错，就是为企业创造效益。

有这样一家知名汽车生产公司，专门生产轿车及附件。随着汽车产业的日臻成熟，这家公司计划与国外一家生产高档轿车的公司合作，并派总工程师高剑到国外去谈判为他们提供轿车及附件的合作事宜。如果谈判成功，公司将获得巨大利润。

高剑只有40多岁，却已是知名的汽车专家。外方显得很慎重，派出年轻有为、处事谨慎的副总裁兼技术部长迈克前来迎接。迈克站在停在机场到达厅外的豪华气派的迎宾车旁，等待高剑办完通关手续出来后，二人寒暄了几句，接着迈克亲自打开车门，请他入座。高剑刚一落座，便随手“砰”地关上车门，声音极响，迈克甚至看见整个车身微微颤了一下。迈克不禁愣了一下：“是旅途的劳累使高先生情绪不佳，还是繁复的通关手续让他心烦？他可是公司的贵客，得更加小心周到地接待才行。”一路上，迈克显得十分热情友好，甚至到了殷勤的程度。迎宾车将高剑带到了公司总部大厦，并停在了大厦前，迈克快速下车，小跑着绕过车后，要为高剑开车门，高剑却已打开车门下车，又随手“砰”地关上车门。这一次，比在机场上车时关得还要响，似乎用的力还要大得多。迈克又愣了一下。

在接下来的两天里，迈克全程陪同并且非常热情，这使高剑显得兴致很高，可回到下榻酒店时，他关车门时又是重重的“砰”地一下。迈克不禁皱了一下眉。沉吟了片刻，他终于边向高剑鞠躬，边小心地问道：“高先生，敝公司的安排没什么不妥吧，敝人的接待没什么不周吧？如果有，还望先生海涵。”高剑显然没什么不满意的：“迈克先生把什么都考虑得非常周到，谢谢。”说这话时，高剑是满脸的真诚。迈克却显得若有所思……

开会的时间到了。接高剑的车停在总部大楼前，他下车后，又是一个重重的“砰”。

迈克暗暗地咬了咬牙，向手下的人悄悄吩咐几句后，丢下高剑，径直向董事长办公室走去。高剑感到有些莫名其妙，迈克的手下客气地将他请到休息室，说：“迈克先生说有紧急事要与董事长谈，请高先生稍等片刻。”

董事长办公室里，迈克语气严肃地说：“董事长先生，我建议取消与这家公司的合作谈判！至少应该推迟。”董事长不解地问：“为什么？约定的谈判时间就要到了，这样随意取消，没有诚信吧？再说，我们也没有推迟或取消谈判的理由啊！”迈克坚决地说：“我对这家公司缺乏信心，看来我们公司前不久对该公司的考察只是走了过场。”董事长是很赏识迈克的，听他这么说，便问：“何以见得？”

迈克说：“这几天我一直陪着这个总工程师。我发现他多次重重地关上车门，开始我还以为是他对我们的接待不满呢，后来才发现，这是他的习惯，这说明他关车门一向如此。他是这家知名汽车公司的高层人员，平时坐的肯定是他们公司生产的好车。他重重关上车门习惯的养成，是因为他们生产的轿车车门用一段时间后就易出现质量问题，不容易关牢。好车尚且如此，一般的车辆就可想而知了……我们把轿车和附件给他们生产，成本也许会降低很多，但这不等于在砸我们自己的招牌吗？请董事长三思……”

董事长听完迈克的分析便取消了与高剑的谈判并终止了合作，而且从那以后更加重用百惠，因为他知道只有迈克这样认真负责的人才值得重用。

如果不是迈克这样尽职尽责，对企业有着高度的责任心，我们可以想见，公司会遭受巨大的损失。责任创造效益，因为责任是我们减少犯错的最后一道闸门，也是最严密、最厚重的一道闸门；责任也是创造效益的最基本、最有效的态度。

5 敢负责任才能担当大任

高尚、伟大的代价就是责任。

——丘吉尔

责任是什么？责任就是一个人必须承受的义务和必须担负的职责。责任是一种使命，一种义务，一种义不容辞必须担负的道义。

责任就是人天赋的职责和使命，它伴随着每一个生命的始终。从根本上讲，工作是一切事业的根本，工作如一种无形的精神力量，它随时提醒我们，这就是我们的责任，我们必须要敢于承担，勇于负责。

一个不负责任的人是不可能受到青睐和器重的，不负责任的人更不可能登上高位，担当大任，因为职位越高，责任越大；没有责任心的人，如果坐上高职位，那企业、组织或者团体的前途堪忧，未来堪虑，再怎样庞大坚固的基业也会在不负责的草率中轰然倒下，有谁敢冒这样的风险重用他们呢？“伟大的代价就是责任”，一个不负责任的人不可能担起大任的，相反，但凡在历史上，无论是对人民的事业建树卓著的伟人、名人，还是平凡而有贡献的普通劳动者，没有一个是丧失了责任感的人。从外国的马克思、恩格斯、哥白尼、牛顿、爱因斯坦、高尔基到中国的鲁迅、袁隆平等在社会科学和自然科学领域上作出了不朽贡献的杰出人物，都是对人民的事业、对社会的进步具有高度责任感的人物。

领袖邓小平就是一个敢负责任担当大任的典范。他一生“三起三落”，始终以顽强不息的进取精神，敢于担风险，拨乱反正，纠正“两个凡是”，以杰出的马克思主义者的眼光和无产阶级革命家的大无畏精神，坚持用发展着的马克思主义指导中国的实践，终于创立了我们时代的旗帜——《邓小平理论》。没有责任感，也就不可能有邓小平理论的产生，也就没有中国改革开放的伟大胜利，这是历史的结论。

还有闻名全国的普通的公安局长任长霞，因公殉职后，竟有14万群众自发为她送行。她之所以能成为老百姓心中的丰碑，就在于她尽职尽责，一身正气，为人民的事业办了大量好事、实事。

在我国漫长的历史长河中，更有无数以天下苍生为己任，以尽职尽责为使命，把责任顶在头上刻在心上的平凡或是伟大的人物。《史记》中记录的一个“李离伏剑”的故事，就是敢于担责的典范人物：

李离，是晋文公的法官。他听察案情有误而枉杀人命，发觉后就把自己拘禁起来判以死罪。晋文公说：“官阶有高低，处罚也有轻重，这案子是下面人弄错了，并不是你的罪责啊！”李离说：“我的官职很大，从没有让给下属一点权；享受很多奉禄，却没有赏给下属一点利益，现在错判案件而杀了人，却把罪责推卸给下属，这可没有听说过。”说完，他不顾晋文公的劝阻，伏剑自杀了。这就是历史上有名的“李离伏剑”。

这个李离确实可敬可佩，可能在有些人看来，他还有点“冒傻气”，但实际上他必须这么做。古代法官断案，就是讲“责任制”和“追究制”的——统治阶级为使体现自己意志的法律得以实施，对惩治司法官吏断案中的“枉、纵”行为均有明确规定，李离任职的晋国，就明文规定法官错判者，如同对待诬告者一样，实行“反坐”原则。李离“伏剑而死”，其实正是对自己的误听错判主动承担责任，履行了“失刑则刑，失死则死”的法律规定。他严于责己、勇于负责的精神，确实难能可贵，足以传颂千古，启迪后世。

责任有多大，事业才有多大，越是勇于担负责任的人，才越能担起重任。古人说，“天下兴亡，匹夫有责”，这句话讲的是每一个人都应该对国家和社会有一种责任感。毛泽东主席曾在《湘江评论》发刊辞中写道：“天下者，我们的天下；国家者，我们的国家；社会者，我们的社会；我们不说，谁说？我们不干，谁干？”话语掷地有声，充分反映了一个人对国家、对人民的拳拳之心和强烈的责任感。如果毛泽东不把将天下兴亡作为自己的责任，下定决心推翻一个旧世界，建立一个新世界，也许现在的中国还处在水深火热之中，毛泽东也不可能成为冠绝古今的人民领袖，成为亿万人民心中的大救星，成为亿万人民仰望的红太阳。

敢负责任才能担当大任。有一种人，头脑聪明也很能干，但却工作业绩平平；另一种人，虽无过人之处，但做事却目标明确，坚毅果敢，敢作敢当，事业有成。这种现象非常普遍，“不患无策，只怕无心”可见只有责任才是成就大事的前提。

在 2008 年感动中国人物中，有一位百岁老人特别引人注目，他就是中国“航天之父”钱学森。他怀着祖国复兴的强烈责任感，放弃了在美国优裕的生活条件，冲破重重阻力，回到祖国，为我国的航天事业做出了杰出的贡献，被誉为中国“航天之父”。在他心里，国为重，家为轻，科学最重，名利最轻。他 1935 年从上海离开祖国时，就在心中默默地说：“再见了，祖国。你现在豺狼当道，混乱不堪，我要到美国去学习技术，他日归来为你的复兴效劳。”新中国成立后,钱学森深为祖国的新生而欢欣,并对祖国的美好前景充满着憧憬,心中萌发起一个强烈的愿望:早日回归祖国,用自己的专长为国家建设服务。他去向主管他研究工作的美国海军次长金布尔辞职时,金布尔听后大为震惊,他认为:“钱学森无论放在哪里,都抵得上5个师。我宁可把他枪毙了,也不让这个家伙离开美国!”钱学森1950年开始争取回归祖国,受到美国政府迫害,历经5年于1955年才回到祖国。此后,他受命组建我国第一个火箭、导弹研究机构——国防部第五研究院。新中国的火箭、导弹和航天事业由此起步。钱学森为组织领导新中国火箭、导弹和航天器的研究发展工作发挥了巨大作用,对中国火箭导弹和航天事业的迅速发展做出了卓越贡献。1979年他的母校加州理工学院授予他“杰出校友”的称号。1986年6月南加州华人科学家工程师协会给他授奖。1989年国际技术与技术交流大会授予钱学森“威拉德W.F.小罗克韦尔奖章”、“世界级科学与工程名人”和“国际理工研究所名誉成员”的称号。1991年和1999年,他先后被授予“国家杰出贡献科学家”荣誉称号和“两弹一星功勋”奖章。钱学森的伟大,源于他对新中国的热爱,对祖国的强烈责任感。

责任还有一种巨大的潜在力量,因为责任,一个懦弱的人会变得刚强;因为责任,一个懒惰的人会变得勤奋;同样因为责任,一个猥琐的小人也会变得伟大和神圣起来。

责任对每一个人来说都是一种与生俱来的使命,它伴随着我们生命的终止。从我们来到这个世界到我们离开人世,我们无时无刻不在履行自己的责任;对家庭的责任、对工作的责任、对社会的责任、对生命的责任……因为唯有责任才能保证一切——机会、效率、竞争力、卓越、成功等,所有的一切都必须在责任的天空下才能获得;主动、激情、进取、忠诚、勇气、勤奋等,这些优秀的品质都要在责任的驱使下才能更好的展现荣誉、名利、权力、地位，等等，都需要在高度的负责精神和尽职尽责的行动之后才能获得。

世界上没有不需要责任的职位，更没有不需要责任心的成功，敢负责任才能担当大任，聪明的员工一定要记住这句职场箴言。

6　对工作负责就是对自己负责

责任就是对自己要求去做的事有一种度。

——歌德

对工作负责，就是对自己负责。你努力工作，认真负责，能得到老板的认可，受到同事的敬重，自信也会逐渐得到提升，更重要的是，你获得了在这个激烈竞争的时代里的生存的资本，提高了生存的能力。工作是为别人做的，更是为自己做的。

任何伟大的工程都始于一砖一瓦的堆积，任何耀眼的成功也都是从一跬一步中开始的。对工作负责，就要求我们对一砖一瓦、一跬一步负责，对自己的工作尽职尽责，半丝也不马虎，成功就一定属于自己。

莱特是美国著名的建筑大师之一，在他毕生的许多作品中，最杰出而脍炙人口的也许要算坐落于日本东京抗震的帝国饭店。这座建筑物使他名列当代世界一流建筑师之林。1916 年日本小仓公爵率领了一批随员代表日本政府前往美国礼聘莱特建一座不畏地震的建筑。莱特随团赴日，将各种问题实地考察了一番。发现日本的地震是波状运动，于是断定许多建筑物之所以倒塌实际上是因为地基过深，地基过厚。过深、过厚的地基会随着地壳移动，建筑物势必坍塌下来。

出于高度的负责态度，他决定将地基筑得很浅使之浮在泥海上面从而使地震无从肆虐。

莱特决定尽量利用那层深仅8英尺的土壤。他所设计的地基系由许多水泥柱组成，柱子穿透土壤栖息在泥海上面，可是这种地基究竟能不能支持偌大一座建筑物呢？莱特费了一整年工夫在地面遍击洞孔从事实验。他将长度8英尺直径8英寸的竹竿插进土里随即很快抽出来以防地下水冒出，然后注入水泥，他在这种水泥柱上压以铸铁，测验它能负担的重量。结果成绩至为惊人，根据帝国饭店的预计总重量，他算出了地基所需的水泥柱数，在各种数据准确的情况下，大厦动工了。

筑墙所用的砖也经过他特别设计，厚度较常加倍。

1920年帝国饭店正式完工，莱特返美。3年之后一次举世震骇的大地震突袭东京与横滨。当时莱特正在洛杉矶创建一批水泥住宅，闻讯坐卧不宁，等待着关于帝国饭店的消息。

一连数日毫无消息，到了某天凌晨3时，莱特的旅店寓所里电话铃声狂鸣。"喂！你是莱特吗？"听筒内传来一阵令人沮丧的声音，"我是洛杉矶检验报的记者。我们接到消息说帝国饭店已被地震毁了。"

数秒钟后莱特坚强地回答道："你若把这消息发出去，包你会声明更正。我会为自己的工作负责。"

10天之后，小仓公爵拍来了一通电报"帝国饭店安然无恙，从此成为阁下天才纪念品。"帝国饭店在整个灾区中竟是惟一未受损害的房屋！

莱特以他高度的责任精神赢得了全世界的尊重，也得到了责任信予他的最高的奖励。

成功者大都是如莱特一样的人，他们具有高度的责任心，对工作永远一丝不苟，表里如一。他们的成功是一种透明的成功，没有半点虚假，也没有半滴水分。

责任是立业之本,对工作负责也就是对自己负责。如果不是对工作高度负责的精神,莱特也就不可能赢得全世界的尊重。没有高度的责任心做后盾,不方做任何工作都不能保证做好。更不可能赢得尊重,成就事业。因为工作不是为别人,而是为自己做的。只有认识到这一点,才能真正视责任为己任,认认真真,尽职尽责地做好每一件事。

汉斯和诺恩同在一个车间里工作,每当下班的铃声响起,诺恩总是第一个换上衣服,走出厂房;而汉斯总是最后一个离开,他十分仔细地做完自己的工作,并且在车间里走一圈,确认没有问题后才关上大门。

有一天,诺恩和汉斯在酒吧里喝酒,诺恩对汉斯说:"你让我们感到很难堪。"

"为什么?"汉斯有些疑惑不解。

"你会让老板认为我们不够努力。"诺恩停顿了一下又说。"要知道,老板已经下班了,没人看到你的工作,你为什么要这么卖命呢?"

汉斯微笑着回答说:"因为我们不仅是在为老板打工,也是在为自己打工。"

为自己打工,对自己负责。无论你在生活中处于什么样的位置,无论你从事什么样的职业,都要对工作负责到底。一旦你有了这样的想法,在工作中你就能比别人得到更多的乐趣和收益。你会早来晚走,加班加点,生产出比别人更优秀的产品,此时,你身边的人,尤其是你的老板会将你做的看在眼里,把你和别人区别对待。当提高工资和晋升的机会来临时,老板首先考虑的肯定是你;当事业的阳光升起时,首先亲吻的肯定是你;当成功女神降临时,首先拥抱的也就还是你。

7 主动承担责任,绝不推卸责任

责任到此为止。

——杜鲁门

几乎所有的企业在招聘员工时,都会写上“工作责任心强”这一条件,把有没有责任心,当做招聘员工的一个重要标准。因为只有负责任的员工才能真正成为支撑企业的栋梁。

有责任心的员工一定会努力、认真工作;有责任心的人一定会工作细致,听从安排,乐于协作;有责任心的人做每一件事都会坚持到底,不会中途放弃,有责任心的人一定会按时、按质、按量完成任务,解决问题,能主动处理好分内与分外的相关工作;更重要的是有责任心的员工能主动承担责任而不推卸责任。

这样的员工才是企业最需要的员工。推卸责任的员工是不会受到欢迎的。

深圳有一家香港公司的办事处,有一位主管和一位职员。办事处刚成立时需要申报税项,由于当时很多这样性质的办事处都没申报,再加上这家办事处没有营业收入,所以这家办事处也没申报。两年后,在税务检查中,税务局发现这家办事处没有纳过税,于是做出了罚款决定,数额有几万。这家办事处的香港老板知道这件事后,就单独问这位主管“你当时怎么想的,现在发生这样的事情?”这位主管说:“当时我想到了税务申报,但职员说很多公司都不申报,我们也不用申报了,考虑到可以给公司省些钱,我也就没再考虑,并且这些事情都是由职员一手操办的。”老板又找到这位职员,问了同样的问题。这位职员说:“从为公司省钱的角度，再加上我们没有营业收入和其他公司也没申报，我把这种情况同主管说了，最终申不申报还应由主管做决定，他没跟我说，我也就没报。”

这是典型的互相推卸责任。有这样的员工，企业如何可以兴旺繁荣？当然，这样的员工，绝不可能得到老板的信任和企业的重用。

世界上最愚蠢的事情就是推卸责任。日常生活中，每个人都难免会出现错误，但是，当问题发生后，有些人为了推卸责任，找出许多借口为自己来辩解，并且说得振振有词，头头是道。“他们不采纳我的建议”、“我是按照公司的要求做的”、“这不能怪我”等，其实，这样做并不能把责任推得一干二净。

一个员工与其为自己的失职找理由，倒不如大大方方承认自己的失职，主动承担自己的责任，上司会因为你能勇于承担责任而不责难你；相反，敷衍塞责，推诿责任，找借口为自己开脱，不但不会得到别人的理解，反而会“雪上加霜”，让别人觉得你不但缺乏责任感，而且还缺乏起码的真诚，这样的人怎么会得到信任和重用呢？

人们习惯于为自己的过失寻找种种借口，以为这样就可以逃脱惩罚。正确的做法是，承认它们，承担它们，并尽一切的努力弥补过错。这样做，并不会因过错削弱你的能力，因失误降低你的威信，相反，还会因此锻炼出你勇于承担责任的意志和精神，让你更加可信，更加勇敢，从而更加负责。

其实，人难免有疏忽的时候，工作中偶尔会出现一些问题也是难免的。但是如何对待已经出现的问题，就能看出一个人是否能够勇于承担责任，是不是有勇于担责的精神。

几年前的一个冬夜，成都市高新区金泰建材厂职工刘瑾女士，驾驶一辆微型面包车，途经成都三环路成绵立交桥时，不慎撞在立交桥的反光胶上。刘瑾忍着被玻璃划伤脖子的伤痛，立即拨打了 122 报警。由于找不到负责管理三环路的责任单位，刘女士第二天一早就拨打114,先后查询了20多个电话都没有找对。有人劝刘瑾“何必自找麻烦”,但刘瑾认为“做错了事就要负责到底”。11月8日上午,刘瑾拨打市长公开电话才找到建设并暂时管理三环路的单位——成都市干道建设指挥部。下午,刘女士来到干道指挥部,接受了1900元的处罚。

一位普通的公民在误损公物之后,主动报警赔偿,其觉悟之高实在令人感到敬佩,特别是她“做错了事就要负责到底”的责任感,应当是我们每个人都值得学习的。

自己的责任要自己来承担。一个懂得承担责任的人,无论做什么工作,都能出类拔萃,做到最好,因为高度的责任心可以让他抛开一切干扰,专心致志地做好自己的事,为自己的工作负起责任。也只有那些能够勇于承担责任的人,才有可能被赋予更多的使命,才有资格获得更大的荣誉。

不要以“这不是我的职责”、“老板没要求我这么做”为理由,推卸责任,置身事外,而应该抱着“公司的事就是我的事”的工作信念,为公司的发展着想。如果你是公司的一名货运管理员,当你发现发货清单上有一个看似与自己职责无关的错误时,你该如何处理呢?如果抱着“反正不是我的错”的心态,到真的酿成大祸时,你可就摆脱不了责任了!

有一句著名政治家的名言“责任在此,无可推卸”。是的,工作着就意味着责任,责任在此,怎么可以推卸?忠诚敬业的员工比谁都更明白这一点,也就比谁都更坚守自己的责任,因而他们也更能得到赏识和重用,更容易成功。

8 把勇于负责作为一种生活的态度

生命和崇高的责任联系在一起。

——车尔尼雪夫斯基

一位曾多次受到企业嘉奖的员工说:“我因为责任感而多次受到企业的表扬和奖励,我觉得自己真的没做什么,我很感谢企业对我的鼓励,其实担当责任或者愿意负责并不是一件困难的事,如果你把它当作一种生活态度的话。”

在生产奔驰、宝马的德国公司里,每一位员工都视工作为生命,对工作精益求精。面对奔驰、宝马,你一定能感受到德国工业产品那种特殊的技术美感。从高贵的外观到性能良好的发动机,每一个细节都无可挑剔,从中深深地体现出德国人对完美产品的无限追求。德国产品因其高品质,已成为“精良”的代名词。

德国产品之所以精良,是因为德国人用宗教般的虔诚来看待自己的职业和产品,而不完全是受金钱的刺激。日耳曼民族素以近乎“呆板”的严谨、认真而闻名,对于德国的工业产品而言,正是日耳曼民族的严谨、认真和负责的精神造就了德国产品卓越的口碑。认真负责早已融入他们的生活甚至生命中,是他们生活的态度,想改变都难。实际上,当一个人怀着宗教一般的虔诚去对待生活和工作时,他是能够感受到责任所带来的力量的。

一家银行招聘人员,很多自认为非常优秀的人都被淘汰了。年轻的恰科也一样没说几句话就被拒绝了。当他沮丧地走出董事长办公室的大门时,发现大门前的地面上有一个图钉。他弯腰把图钉捡起来扔进了垃圾桶。

第二天,恰科出乎意料地接到银行录用的通知书。原来,他弯腰拾图钉的动作被董事长看到了。董事长见微知著,认为如此精细小心、不因善小而不为的人,必定是个能担当特殊责任的人,这样的人十分适合在银行工作,于是改变主意录用了他。

果然不出所料,恰科在银行里样样工作都干得非常出色。后来,恰科成为法国的银行大王。

责任感也是一种生活态度。银行董事长完全有理由相信,恰科的小小举动，完全是出自于他日常生活中养成的对别人负责的习惯。

曾任外经贸部副部长的龙永图讲述过一个令人感慨的故事：他到瑞士访问的时候，在一个洗手间里，他听到隔壁小间里一直有一种奇特的响动。由于这响动时间过长，而且也过于奇特，因此吸引了他的好奇。于是，在好奇心的驱使下，他通过小门的缝隙向里探望。原来，小间里一个只有七八岁的小男孩正在修理马桶的冲刷设备。一问才知道，是这个小男孩上完厕所以后，因为冲刷设备出了问题，他没有把脏东西冲下去，因此他就一个人蹲在那里，千方百计地想修复那个冲刷设备。而他的父母、老师当时并不在他的身边。这件事令龙永图非常感慨，一个只有七八岁的小男孩，竟然有如此强烈的负责精神，可以说这种负责精神已经渗透了他全身的每个细胞，已经完完全全成了习惯。

对于一名责任感强的人来说，责任已经成为他们生活态度的一部分，无论在什么时候、什么场合，他们都不会忘掉自己的责任，任何时候都想着如何能更加负责任地把工作做好。

一个人要想让自己的生活境况得到改善，让自己的事业更上一层楼，他在工作和生活中就要对自己的行为切实地负责。不负责任，没有责任心的人是绝对不可能有所成就的，甚至连基本的生活也无法为继。

有一天，一个小伙子向一位著名的作家自荐，想做他的抄写员。看起来，这个小伙子对抄写工作是完全胜任的，条件谈妥之后，这名作家就让那个小伙子坐下来开始工作。但是，那个小伙子却看了看自己手腕上的表，心急火燎地对他说："我现在不能待在这里，我必须去吃饭。"那位作家说："噢，你必须去吃饭，你必须去！你就为了你今天等着去吃的那顿饭祈祷吧，我们两个永远都不可能在一起工作了。"

那位小伙子曾对作家说过，他因为找不到工作，得不到别人的雇佣而感到特别沮丧。但是，当他有了一点点起色的时候，却只想着提前去吃饭，而把自己说过的话和应承担的责任，忘得一干二净。这样的人只会永远失业，被生活抛弃。

对于自以为是而忘记了自己责任的人，巴顿将军说：“自以为是而忘了自己责任的人，一文不值，遇到这种军官，我会马上调换他的职务。一个人一旦自以为是，就会远离前线作战，这是一种地道的胆小鬼的表现。惟有负责任的人，才会为自己所从事的事业心甘情愿地献身！”

聪明的员工要将责任感根植于自己内心深处，让它成为我们脑海中的强烈意识，时时刻刻都想着责任，把责任作为我们生活的态度，这种强烈的责任心，会调动我们所有的积极性，激发所有的潜能，让我们在工作和生活之中，表现得卓越和优秀。

9　做任何工作都全心全意，尽职尽责

每个人应该有这样的信心：人所能负的责任，我必能负；人所不能负的责任，我亦能负。

——林肯

每一个在事业上取得成功的人，无一不是全心全意，尽职尽责，一丝不苟地把一切做得最完美的人。

一位先哲说过：“不论你手边有何工作，都要尽心尽力去做！”无论做什么事，都必须竭尽全力，无私敬业。只有一丝不苟的敬业精神和严谨负责工作作风，才能把工作做到最好，才能让我们在最普通的工作岗位上也能创造奇迹，抵达卓越，增添荣耀。

一个大雪天的夜晚，约翰·格林中士正匆匆忙忙地往家赶。当他经过公园的时候，一个人拦住了他。

“抱歉，打扰一下，请问您是军人吗?”他看起来很焦急的样子。

“噢，当然，我能够为您做些什么吗?”约翰不知道发生了什么事情。

“是这样的，刚才我经过公园的时候，看到一个孩子在哭，我问他为什么不回家，他说他是士兵，他在站岗，没有命令他不能离开这里。原来他们是在玩一种游戏，可谁知道和他一起玩的那些孩子都跑到哪里去了，大概都回家了。天已经很黑了，雪下得这么大。”他忧虑地说：“我对他说，你也回家吧，你的伙伴都已经走了。他说不，他必须得到命令才能离开，站岗是他的责任。我怎么劝他回去，他也不听，只好请先生帮忙了。”

约翰和这个人一起来到公园，在一处不显眼的地方，有一个小男孩儿在那里哭，但却一动不动的。

约翰走过去，敬了一个军礼，然后说：“下士先生，我是中士约翰·格林，你为什么站在这里?”

“报告中士先生，我在站岗。”小孩儿停止了哭泣，回答说。

“天这么晚了，雪这么大，为什么不回家?”约翰问。

“报告中士先生，这是我的责任，我不能离开这里，因为我还没有得到命令。”小孩儿回答。

“那好，我是中士，我命令你回家，立刻。”约翰的心又为之震了一下。

“是，中士先生。”小孩儿高兴地说，然后还向约翰敬了一个不太标准的军礼，撒腿就跑了。

约翰和这位陌生人对视了很久。最后，约翰说：“他值得我们学习。”

小男孩的倔强和坚持看起来似乎有些幼稚，但他那尽职尽责的使命的确值得人们学习。无论从事什么职业，只有全心全意、尽职尽责地工作，才能在自己的领域里出类拔萃。

社会学家戴维斯说：**“自己放弃了对社会的责任，就意味着放弃了自身在这个社会中更好生存的机会。”**放弃承担责任、蔑视自身的责任，等于在自由通行的路上自设路障，摔跤绊倒的也只能是自己。

尽职尽责表现在实际工作中，就是表里如一，言行一致；就是精益求精，一丝不苟；就是讲奉献不讲条件，找办法不找借口；就是在主动做好分内工作的同时，还能对其他人的工作给予不遗余力的支持，能够善始善终，有积极主动的精神、努力精通自己的工作并且敢于承担责任。

有些企业里尽心尽力、尽职尽责的员工不多，许多员工只是将工作当成一件养家糊口的、不得不从事的差事，谈不上什么荣誉感和使命感。甚至有很多员工认为，我出力，老板出钱，等价交换，谁也不欠谁的，谁也不用过分认真。他们没有尽心尽力工作的精神，懒懒散散，不求有功，但求无过。这种现象曾经影响了中国企业很多年，也是中国企业在国际市场竞争力不强的一个内在原因。在计划经济时代，这样的员工可能还能混下去，但现在已经完全不行了！如果你想成为一名优秀的员工，想在事业上有所发展，就尽心尽力地做好自己的本职工作。

一个人无论从事何种职业，都应该忠于职守、尽职尽责，尽自己的最大努力，求得不断的进步。这不仅是工作的原则，也是人生的原则。更是事业成功的前提。

在一条街的街角，有一位很有名气的理发师小陈，他身材瘦小，长的并不起眼，他的理发店也在街角最不起眼的地方。但他的店却经常顾客盈门，远近闻名。为什么？就因为他总能把顾客的头发剪出最好的效果来。他最爱说的一句话就是：我的每一剪剪下去都要负责任。

因为这句话，小陈对工作的态度近乎偏执。有一次，一个企业老总来店里理发。小陈告诉他，剪发大概要用 40 分钟的时间。对方没有异议。可是，剪到 30 分钟的时候，这位老总突然接到一个电话，得马上走。但是小陈不干了，坚持说：必须把头发剪完才能走，不然的话，会影响到整体的效果。老总很生气，但是小陈仍然不肯放他走，并且再三强调要对自己的工作负责。顾客没有办法，只好说，自己办完事，下午马上就来把头发剪完。

但这位老总因为迟了一步，生意没有谈成，很生气，根本就没有来，而且一周都没有来，小陈托人打听了好几次，也不知道他人在哪儿，没办法，小陈在自己的店门口写了一幅大大的海报，讲了事情的经过，并寻找这位头发还没有剪完的顾客。好多人见了，都说小陈做秀。有的顾客甚至说："他自己要走的，又不关你的事，你还找他干什么？他没付你的钱啊？"小陈说："头发都没剪完，当然不能收钱。钱是小事，可我得对我自己的手艺负责，对顾客负责才行啊"。小陈还是一天天把海报放在门口。

一个月后的一天，那位顾客终于又来了，见了海报，他很有些不好意思。对小陈说："上次因为在你这里剪头发而耽误了生意，我曾发誓再也不来这里剪发了。但后来发现其他理发店剪出来的效果都没有这里好，今天就又来了，看到海报，才知道你竟然是这样认真负责的人。上次是我不对，给你赔不是了。以后我就只在你的店里理发了。还有我的家人，我的朋友们，都只认你这一家理发店。"

口碑效应真的很大。小陈的工作责任心获得了一致好评，他不仅手艺得到越来越多的人的称赞，他的负责精神也让他成为街道上理发行业里的一个榜样，好多明星都慕名前来找他打理发型。再后来，小陈已经成为全国著名的理发师，事业做得更大了。

如果仅从感觉上判断，你一定很难想到这样一个老实内向、性格纯朴的小人物居然是理发界的名师。不错，他身材偏小，长相平凡，没有良好的口才，也没有超凡的智能，曾经被很多人认为"不可能有大的出息"，但却正是他，在自己的领域却取得了令人自豪的成就。这就是他对工作全心全意、尽职尽责的结果。正是这种竭尽全力、追求完美的工作态度，才能最完美地展现自己的价值。

一个人无论从事何种职业，都应该全心全意、尽职尽责，这不仅是工作的原则，也是生活的原则。所以说，不论你的工资是高还是低，你都应该保持这种良好的工作作风。

对工作尽心尽力、尽职尽责的人，才会得到丰硕的回报，才会得到别人的认可。这不仅是工作的原则，也是人生的原则。如果没有了职责和理想，生命就会变得毫无意义。无论你在什么工作岗位上，如果能全身心投入工作，忘我工作，就一定会取得成就。相反，不热爱自己的工作、厌恶自己的工作、蔑视自己的工作的人，不可能获得上级的青睐和事业上的成功。因为，一个对工作不尽心尽力、不尽职尽责的人，是没有任何资本去获得成功的。有一些人放着成堆的工作不干，却讥笑正在尽心尽力工作的人，这样的人，在任何一个公司都不会受到重用，甚至会被公司解聘。

微软总裁比尔·盖茨在被问及他心目中的最佳员工是什么样时，他说：**“一个优秀的员工应该对自己的工作尽心尽力，当他对客户介绍本公司的产品时，应该有一种传教士布道般的狂热！只有把自己的本职工作当成一项事业去做的员工，才可能有这种宗教般的激情，而这种激情正是驱使他尽心尽力地工作的最重要因素。”**

尽职尽责、尽心尽力地工作是每个员工的财富。它将直接影响你工作的好坏和你的前途，能够尽心为公司做事的人不仅是对公司有益，更重要的是有益于对自己工作态度、健全人格的培养。有这种工作精神的人无论干什么工作都会是最出色，也会是老板最器重的，事业最容易成功的人。

哲理 5　成功在细节，失败也是

“泰山不拒细壤，故能成其高；江海不择细流，故能就其深。”不要以为细节无所谓，恰恰是点点滴滴的细微之处决定着成败兴亡。所以，千万不要忽视细节。不论做什么工作，都要重视小事，关注细节，把小事做细、做好、做精致，把细节做透、做实，做完美。这样的员工，才能享受到成功的丰美果实。

1 细节决定成败

泰山不拒细壤，故能成其高，江河不择细流，故能成其深。

——李斯

汪中求曾写过一本很火很火的书，叫《细节决定成败》，说的就是细节的重要：做事或做人，能否成功的关键，就在于是否重视细节！

生活的一切原本都是由细节构成，而细节往往最容易被人忽视，殊不知这不起眼的**细节，看在眼里便是风景，握在掌心便是花朵，揣在怀里便是阳光，抛在一边便是灾难，细小的事情往往发挥着重大的作用。**

1970 年美国进行导弹发射试验，由于操作人员对弹体上的一个螺母少拧了半圈，导致系统失灵发射失败。1980 年"阿丽亚娜"火箭试射，操作人员不慎将火箭上的一个商标碰落，正好堵住了燃烧室喷嘴，结果耗费巨资的发射毁于一旦。

1999 年 9 月 30 日，《华盛顿邮报》登载了一则惊人的新闻。美国宇航局火星气候探测飞船突然失踪的原因已经查清：有些数据在被输入程序时，工作人员忘记把英制转换为公制(应把英尺、英寸转换成公尺、公分)。数据输入错误，导致太空飞船陷入火星大气层。造成强烈的震动和摩擦，1.25 亿美元的火星探测计划也因此搁浅。

2003 年 1 月 16 日，美国"哥伦比亚"号航天飞机回航途中发生爆炸，飞机上的 7 名宇航员全部遇难。事后的调查结果表明，造成这一灾难的罪魁祸首竟是一块脱落的泡沫。

古人说得好："泰山不拒细壤，故能成其高；江河不择细流，故能成其深。"所以，大礼不辞小让，细节决定成败。在我们身边，**想把事情做好的**

人很多，但是愿意把小事做细的人却不多；我们不缺少精明能干的管理者，但缺乏精益求精的执行者；我们不缺少各类规章制度，但缺乏不折不扣的执行。中国 13 亿人口，不管有多少小的问题，只要乘以 13 亿，那就成为很大的问题。细节差之毫厘，结果谬之千里，一只蝴蝶轻轻扇动翅膀，却能刮起一场致命的飓风。细节的力量当真不可小觑。

而成功也会像一个调皮的精灵般，就躲藏在细节之中。

成也细节，败也细节。细节决定成败，真是职场至理。相信大家都有过这样的体验：一个错误的数据，可以导致整个报告成为一堆废纸；一个标点的错误，可以使几个通宵的心血白费；一个烟头的失误，可以导致一生的努力付诸东流，一生的命运彻底改变。

40 多年前，苏联宇航员加加林乘坐“东方”号宇宙飞船进入太空遨游 108 分钟，成为世界上第一位进入太空的宇航员，并因此青史留名。而加加林之所以在 20 多名候选人中脱颖而出，就在于一个细节。

在确定最终人选前一周，主设计师罗廖夫发现，在进入飞船前，只有加加林一个人脱下了鞋子，穿着袜子进了机舱。就是这样一个细节使加加林一下子赢得了罗廖夫的好感，他觉得这个 27 岁的青年如此懂得规矩，又如此珍爱他付出全部心血设计制造的飞船，于是就决定了让加加林执行这次伟大的飞行任务。

加加林留名青史的成功就像于他脱掉鞋子这样的小事。你看，成功就这样调皮，它总是跟着细节一起来。

但是在工作中却常常有一些员工忽视细节，轻视细节，抱着“螺丝少紧一扣不碍事、垫片少上一个没问题、作业简化一步不算啥”的错误态度，疏忽大意，马虎操作，殊不知正是这些看似没什么了不起的细节，就会彻底地毁掉我们美好的生活。一粒微不足道的小沙子或小铁屑掉进柴油机的主机油道里或曲轴油孔中造成碾瓦；一颗小小的螺丝钉的松动，可能使航天器爆炸，使科学家的研究成果白白断送；行车路上使用手机，可能造成车毁人亡的重大交通事故；一次疏忽会发生一次血案；一个烟头能引发一场巨大火灾……可见细节不容忽视，小事更需用心。

看不到细节，或者不把细节当回事的人，是不可能得到成功女神的眷顾的。

2 魔鬼就藏在细节里

魔鬼在细节。

——密斯·凡·德罗

“魔鬼在细节。”这句话是 20 世纪世界最伟大的建筑师之一密斯·凡·德罗总结他成功经验时的高度概括。他要强调的是，不管你的建筑设计方案如何恢弘大气，如果对细节的把握不到位，就不能称之为一件好作品。细节的准确、生动可以成就一件伟大的作品，细节的疏忽会毁坏一个宏伟的规划。成也细节，败也细节，魔鬼藏在细节里。

一次，一支登山队准备攀登一座雪山，专家提醒说，别忘了多带几根钢针。因为在高寒的雪山上，燃气炉的喷嘴极易被冰雪堵塞，需用钢针疏通。负责准备工作的一位队员没有听从专家的忠告，认为有一根针就够了，不就是扎一下吗？结果只带了一根针。遗憾的是，问题恰恰出在这根小小的钢针上。那根钢针在通眼儿时不幸折断，燃气炉无法使用，致使全体队员断炊，陷入绝境。

一位勇士长途跋涉攀登一座高峰，恶劣的气候，陡峭的山壁，难耐的孤寂，疲惫和饥寒都没有阻挡他攀登高峰的步伐。不知道什么时候鞋里掉进了一粒沙子，可是在勇士眼里，它实在是太微不足道了，勇士觉得自己没有理由为一粒沙子耽误时间，继续前行。后来他发现沙子越来越磨脚,并伴随着钻心的疼痛,他只得停下清除沙子。然而,为时已晚,他的脚已经破皮、红肿,沙子清除后,伤口又感染了……最后,除了放弃,他别无选择。

这都是细节中的魔鬼在作祟。沙子虽小,不能像巨石般挡道,甚至把人绊上一脚也不可能,但在登山途中却成了勇士无法战胜的“高峰”。同样,在我们的工作中,有一个环节,每一个步骤都有可能成为阻挡我们登顶的那粒“沙子”。如果我们看不到其中潜藏的危机,不能及时将其取出,事故就不可避免。“细节”向我们递来打开成功之门金钥匙的同时,也无时无刻不在窥探着我们每一个哪怕是最细小的失察与疏忽。**人性中的许多弱点,都是“细节”这个“魔鬼”赖以生存和逞凶的温床,**像生性懒散、侥幸心理、不负责任、不良习惯等,如果不加以克服,往往就会成事不足败事有余。

某企业负责人陪同外商考察工厂的投资环境,厂长不经意间随地吐了一口痰,致使谈判到此中断。事后这位厂长还不解:“就为这点小事儿吗?”

殊不知小事最能看出大问题,细节最能藏住魔鬼。细节是大海里的一滴水,从一滴水中可以看出整个大海的风浪;细节是鞋里的一粒细沙,不经意间会毁掉你所有攀爬的成绩,细节就是你不经意间吐出的这一口痰,一不小心让你功亏一篑。

魔鬼就藏在细节里。特别是对于我们每个员工而言,这句话有着更为奇怪的魔力,一不小心,魔鬼就会钻出来。

2010 年 8 月 24 日,一架巴西航空公司生产、航班号为 VD8378 的从哈尔滨飞往伊春的河南航空公司客机在降落时突然冲出跑道,随后的“黑色十分钟”里,飞机从中间生生折成两截,起火爆炸。42 条生命湮灭,54 人受伤。

伊春空难终结了中国民航业持续 6 年的安全飞行纪录。而这起震惊全国的事故中也无不闪现着魔鬼的身影。

当地气象部门资料显示，空难当晚，黑龙江伊春机场能见度不到200米。此外，由于此地多雾，此前在航空公司的安全技术通告中就有明文规定，每年9月1日以后，伊春机场原则上不飞夜航。失事的VD8378恰好是夜航加飞的航班。也许这样的小事被太多的人所忽略了。

民航总局局长李家祥在会上透露，从事故现场来看，可以初步排除空防方面、人为的爆炸、破坏等原因。从目前查排记录来看，飞机在空中飞行状态，机务状态没有太大异常，而从"坠毁的地点来看，初步可以说是犯了一个非常低级的错误"。

李家祥在会上表示，这架飞机坠毁的地点是在跑道东头的1200米左右，根据飞机失事的地点顺延它的航迹来看，在坠毁的前方1000多米处飞机就开始擦树梢，飞行的高度是偏低的，那么距离跑道1200米的时候就已经开始落地了，这时离跑道前方起始灯和跑道边灯都还有一定的距离，也就是说，失事飞机在夜航落地时前方还没有通过起始灯，也没有进入机场的边灯范围。

"夜航落地最起码要看到起始灯，否则就落到机场外面去了，机场前面有几排灯，非常的明亮非常的耀眼，都没看到起始灯就开始落地显然违规。跑道两侧也有边灯，这就是告诉机组，要落在机场的中心，不能出了这个范围。"李家祥称，"出事飞机还没有到达起始灯也没有到边灯，就开始落地了。从当时落地的速度看，大约在220公里/小时的速度，粗略计算，大约再有22秒飞机就进入跑道了。也就是说，飞行员在落地的时候，起码的标准、起码的规章、起码的判断都没有做到。"这是魔鬼的一个身影。

伊春林都机场位于小兴安岭林中，地处山谷交汇漫滩处。伊春的森林覆被率达82%，三面环山的林都机场进入夏末秋初之时,晨间傍晚湿度大、多雾成为了不可避免的气候特征。在专业航空界人士看来这都属于“净空条件不好”。事发当晚 9 时许,伊春市相对湿度为 98%,湿度如此之高的森林城市,夜间出现大雾并不罕见。就在事发后第二天凌晨 5 时,在坠毁现场参与救援的工作人员还处于一片大雾中,能见度甚至不足 200 米,而 EMB190 飞机允许降落的能见度是 300 米。

根据掌握的一份民航系统资料分析,当晚 21 时,“黑龙江伊春机场能见度 8 公里”,21 时 08 分,“能见度 2.8 公里,轻雾”,但到了 22 时,“能见度实况 1 公里”,从 21 时 08 分到 22 时,气象条件急剧变化。

一位资深飞行员表示,8 公里和 2.8 公里的能见度都属于飞行气象里的“没有重要的天气现象”,没有诸如雷电大风等特殊气象状况飞机是可以降落的。但关键的问题是,在气候急剧变化期间,飞行员必须根据实际情况作出相应的处理对策,而从目前记者掌握的资料来看,在飞机出事的从“2.8 公里”的能见度到“1 公里”的能见度变化期间,飞行员似乎并没有对地面塔台的监控和传递信息作出有效的反应。

民航 8 月 26 日紧急电视电话会议上还透露,从伊春空难现场勘察的情况看,当时气象条件已经不符合飞行降落标准了。24 日 21 点后,伊春机场天气条件是不断变化的,到 21 点 13 分伊春机场发布天气预报已经不符合降落标准,当时天气能见度低于 EMB190 飞机允许降落能见度的 300 米,飞机已经不适合降落,而且预报有轻雾。

“这些细节为何没有及时传递给飞行员?为何没有及时传递到飞机上?”李家祥在会上这样责问。

多位飞行员表示,这里边存在一个机场塔台管理的问题。如果这些信息传到飞机上,飞行员就会明白当时机场是否具备降落条件,进而就会进一步采取措施。

“即使这个信息没有传给飞行员,但飞行员看不清跑道仍然降落,这就是违章。这次河南航空公司从初步掌握的情况来看,飞行、机务和签派都出现薄弱环节。”李家祥在会上表示。

李家祥在民航紧急电视电话会议上还透露,一直到21点56分,河南航空公司签派员还利用系统发送报文屡次催回这架飞机,但那时飞机已经坠毁了。在民航安全中,飞行、机务和运行签派这3支队伍非常重要。运行签派对于飞行安全是一个中枢指挥调度,包括细节传递和把关。运行控制,最重要的是控制风险。而伊春机场航班量不大,当日就只有这架飞机,塔台全部的关注点都应该集中在这架飞机上。

“这次事故中初步查明空管没有大的问题,但是飞机在距跑道1200米处降落,2000多米处发生擦树梢,空管人员要是及时提醒,目引目送,按工作要求,塔台工作人员如果观察细致是能看出来的。”李家祥说。

事故是让人悲伤的,而教训更是惨痛的。魔鬼就藏在细节里,我们稍不留意,它就会跳出来杀人夺命。所以千万不要小看了细节,越是细节越需要我们用心,越是小事越不可大意,不然,就会受到伤害,受到藏在细节中的魔鬼对我们忽略细节轻视小事的重罚。

3 针鼻儿大的窟窿能透过斗大的风

天下难事,必作于易;天下大事,必作于细。

——老子

“千里之堤,溃于蚁穴。”出自《韩非子·喻老》中的一句话,后来广为

流传,今天已成为提醒人们注重小事、关注细节的哲理成语。历史上还真有这样一个故事:

在中国古代,一位老农有一天偶然发现黄河岸边长堤上蚂蚁窝猛增了许多。“这究竟会不会影响长堤的安全呢?”老农准备回村报告。路上遇见了他的儿子。老农的儿子不以为然地说:“那么坚固的长堤,还害怕几只小小蚂蚁吗?”随即拉着老农一起下田了。当晚风雨交加,黄河水暴涨。咆哮的河水从蚂蚁窝始而渗透,继而喷射,终于冲决长堤,淹没了沿岸的大片村庄和田野。

无独有偶,在西方也有这样一个案例,据说还是一个真实的故事,它出自英国国王理查三世的史实:

1485 年在波斯沃斯战役中,英国国王理查三世准备拼死一战了。李奇蒙德伯爵亨利带领的军队正迎面扑来,这场战斗将决定谁统治英国。

战斗进行的当天早上,理查派了一个马夫备好自己最喜欢的战马。

“快点给它钉好马蹄铁,”马夫对铁匠说,“国王希望骑着它打头阵。”但是铁匠钉到最后却差了一个钉子,铁匠要锤一根新的钉子钉上去,可是马夫等不及了,说:“少一根钉子马也能跑吧,那就这样。真的等不及了。”

两军交锋,理查国王就在军队的阵中,他冲锋陷阵,鞭策士兵迎战敌人。“冲啊! 冲啊!”他喊着,率领部队冲向敌阵。

但不幸的是他还没走到一半,一个马蹄铁掉了,战马摔倒在地,理查也从马背上被摔下来跌到地上。亨利的军队包围了上来。

他在空中挥舞宝剑,“马!”他喊道,“一匹马! 我的国家倾覆就因为这一匹马!”

从那时起，英国就有了这条著名的谚语：

少了一个钉子，坏了一只蹄铁；坏了一只蹄铁，折了一匹战马；折了一匹战马，伤了一位国王；伤了一位国王，输了一场战争；输了一场战争，亡了一个国家。

一个看似不起眼的钉子却联系着一个国家的兴亡，故事中的哲理让我们警醒：任何微小的失误都可能酿成大祸，小错误铸成大错误一点也不奇怪，针鼻儿大的窟窿透出的却是斗大的风，1%的错误带来的将是100%的失败。这样的事例不胜枚举。

2009 年 2 月，巴西甲级联赛上演了一场萨尔瓦多州德比大战，维多利亚主场对阵巴西亚。比赛中，一位激动的女球迷因穿着高跟鞋站立不稳，不慎向前摔倒并压在了其他球迷的身上，并很快引发了长江后浪推前浪的多米诺效应，数名失去重心的球迷纷纷“前仆后继”地趴倒在了看台上，现场一片混乱。

事后，维多利亚俱乐部官方通报了事故的一些细节：“一位女球迷因站立不稳失足跌落引发混乱，看台上的观众一度十分惊恐，有一些球迷受了轻伤，很快他们被送到急救车上，医生和护士为他们进行了紧急处理。”从事后官方统计来看，这双高跟鞋的杀伤力丝毫不弱，受伤的球迷数量超过 50 人，其中不少人被确诊为严重骨折。

穿着高跟鞋看球赛，这样的细节或许谁都不会认为会有什么问题，但它却真真切切地制造了一起重大的事故，这就是细节的强大。

成功在于细节，细节决定成败。无数因为细节的疏忽而导致的重大事故用血的事实证明了细节的重要。

第二次世界大战期间，驻守索伦港的英军与总部的一次无线电通话被德军截获，因通话中一处保密上的疏忽而“泄露天机”，结果被德军全歼；日军在中途岛战役中，由于用简易密码联系淡水供应问题而被美军破译，以致遭到惨败。

第二次世界大战后期,为了给即将对菲律宾进行反攻的部队提供空中支援,美军决定攻占莱特岛,以便充分利用日军在岛上修建的飞机场。

由于莱特岛的地理环境十分特殊,大部分是沼泽地,地下水位较高,而且作战的具体时间又定在雨季,到那时,机场即使不被洪水淹没,也会变成一片沼泽。因此,美军的工程技术人员立即向指挥部呈交了一份关于莱特岛水文地质情况的报告,但指挥部对这份报告并未给予重视。

攻占莱特岛的战斗打响后不久,雨季来临,连续45天的暴雨,使整个小岛变成了一片泥沼,道路不能行车,机场无法使用,后勤供应物资的运输受到严重影响。美军士兵整天泡在泥水里与残存的日军拼杀,叫苦不迭。

指挥部的一个小小疏忽,竟使美军为了区区一个莱特岛,付出了惨重的代价。纵观美军在整个太平洋战争后期的反攻战,莱特岛之战是损失极其严重的一次。

针鼻儿大的窟窿能透过斗大的风,在很多时候,事情的成败就取决于不为人知的细节。荀子在《劝学》中讲到:“不积跬步,无以至千里;不积小流,无以成江海……”他告诉我们凡事皆是由小至大,小事不愿做,大事就会成空想。然而我们大多数人,想做大事的人很多,但愿意把小事做细的人很少;雄韬伟略的战略家很多,而精益求精的执行者很少;各类管理规章制度很多,而规章条款不折不扣执行的很少。所以我们必须改变心浮气躁、浅尝辄止的毛病,提倡树立细节意识,注重细节、把小事做细,这是成功事业的最基本的前提。

4 越是细节越不能马虎

成功是细节之子

——哈维·费尔斯通

细节为什么容易被人忽视？就是因其细，因其微，因其“貌似微不足道，不重要”，许多员工的心理上也形成了一种“不重要”的习惯性认识，从而养成了“马虎”和“差不多”的劣习，殊不知，这正是工作的大敌，正是那出没不定躲在细节中的魔鬼，让许多员工栽了跟头。

2000年8月，某流域管理单位的巡渠查坝人员，在大汛期间坚守职责，在岗位上辛辛苦苦干了好几个月，眼看汛期即将结束，觉得“差不多”了，警惕性就放松了，不料就在这时，一处险段突然决口，冲坏了附近一段总干渠，使周边村民的数百亩良田被冲毁，对于那些在土里刨食的农民来讲，土地就是他们的命根子啊！

2000年10月13日，某纺织厂职工朱某与同事一起操作滚筒烘干机进行烘干作业。朱某在向烘干机放料时，被旋转的联轴节挂住裤脚口摔倒在地。待旁边的同事听到呼救声后，马上关闭电源，使设备停转，才使朱某脱险。但朱某腿部已严重擦伤。引起该事故的主要原因就是烘干机马达和传动装置的防护罩在上一班检修作业后没有及时罩上而引起的。

看起来都是一些微小得似乎可以忽略的事情，但却偏偏就是这样的细枝末节引起了大事故。这在安全上有太多的教训。重大事件的起因往往是微小的，甚至是微不足道的，正因为微小，让人防不胜防，毫无察觉，让人麻痹大意，才可能造成意想不到的后果，甚至是非常重大而又悲惨的后果。特别是“马虎”和“差不多”的心理，更是安全的大敌，是细节的克星。要想保证安全,注重细节,必须从根本上严治“马虎”和“差不多”。

什么是“马虎”呢?做事草率、不认真、粗心大意、只满足于过得去,不求在安全生产中过得硬是也,由于“马虎”成了一种习惯,于是便形成了一种可怕的“病”。“马虎”的实质是职业道德差,没有敬业精神,缺乏工作责任心,没有细节意识,把生命当儿戏。

一个人一旦患了“马虎病”,变成了“差不多”,便会用差不多的态度对待工作。这种人,一是工作中只求过得去,不求过得硬;只满足于粗,不愿在细处下苦工;总以为越严格对照标准作业,干的活就越多,所以简化作业程序。二是存在侥幸心理,总以为“不会那么巧就出事”。一次次的侥幸,使简化作业演变成了“惯性”违章,埋下了事故的种子。如此这般,怎么能保证安全生产顺利进行呢!

海尔总裁张瑞敏在比较中国公司员工与日本公司员工的认真精神时曾说:如果让一个日本员工每天擦桌子六次,日本员工会不折不扣地执行,每天都会坚持擦六次;可是如果让一个中国员工去做,那么他在第一天可能擦六遍,第二天可能擦六遍,但到了第三天,可能就会擦五次、四次、三次,到第四天,可能就马马虎虎,擦一次了事,再到后来,隔三差五地擦一次就不错了。

这就是典型的“马虎病”的发病症状。像这样擦擦桌子可能犯不了什么大错,但如果在一个安全责任重大的岗位上,就无法想象这样的“马虎”和“差不多”会产生怎样严重的后果了。

与日本员工的认真、精细比较起来,中国员工大而化之、马马虎虎的毛病很严重,以至于社会上“差不多”先生比比皆是,好像、几乎、似乎、将近、大约、大体、大致、大概、估计,等等,成了“差不多”先生的常用词。就在这些词汇一再使用的同时,生产线上的次品出来了,中国产品几乎与伪劣产品画上了等号;各种安全事故层出不穷,生命伤亡财产损失触目惊心,违章犯纪不讲原则的事情也是屡禁不止。

“失之毫厘,谬以千里”,“差不多”实际上已经差了很多。因而越是细节越不能马虎，坚决拒绝“马虎”，做到执行标准一丝不苟、不打折扣，一点儿都不能差，差一点儿都不行。

5 越是小事越不能轻视

把小事做细，把细事做透。

——汪中求

人都有容易忽视小事的心理，总认为小事不重要，殊不知大错正出在小处，小处更需用心，越是小事越不能轻视，因为小事往往左右成败。

世界零售业巨头沃尔玛的成功，就和他们追求完美的服务细节密切相关。以员工微笑的标准为例，沃尔玛规定，每一位员工都要对3米之内的客人微笑，甚至还有个量化的标准，即微笑时要露出8颗牙齿。

不放过任何一个细节也是稻香春的经营手段。为了确保产品质量，他们对生产食品的所有具体细节，从经营管理到具体产品的选料、加工等，甚至包括多久必须清洗一次操作间、煎食品的油温，都做了相当详细具体的规定与说明。以稻香春出售的熟食为例，用作原料的农产品是经过专门培植并精心挑选的，都是在自己的生产基地里严格按绿色食品要求种植出来的。这些熟食如在当天没有卖出去，就会被处理掉，不再销售给客人，以确保熟食的质量。正是这种近乎苛刻的细节要求，才确保了稻香春产品的质量，让稻香春获得了广大消费者的喜爱。

反之，要是不重视细节，不注重做好每一项细小的工作，就很容易出现漏洞，从而影响到整个计划。

在一次探月行动中，美国的飞船已到达月球却无法着陆，最终以失败告终。之后，科学家在查找原因时发现，原来是一节价值 30 美元的电池出现了问题。在起飞之前，工程人员在检查时着重检查了每一个“关键部位”，却忽略了这个小细节。结果，就是因为一节 30 美元的电池，数十亿美元的投资都打了水漂，科学家们的心血也都白白浪费了。

实际上，无视细节或不将小事当回事，就是对工作不负责任。每一个具有高度责任心的人，都会将小事看得与大事同等重要，认真对待工作中的每一个细节，努力将小事做好，因而他们也更容易取得成功。

哈佛大学机械制造系的高才生史蒂芬，非常希望能进入维斯卡亚公司工作。在 20 世纪 80 年代，维斯卡亚公司是美国最著名的机械制造商，它的产品销往世界各地，并代表着当时重型机械制造业的最高水平。很多人毕业之后到这家企业求职都遭到了拒绝，原因非常简单，这家企业的技术人员已经饱和了，根本不再需要任何技术人才。不过，该公司提供的优厚待遇与令人艳羡的工作职位依旧诱惑着那些有志的求职者，史蒂芬对其也憧憬已久。

最终，史蒂芬进了该企业，但他做的并不是技术人员，而是到车间内打扫废铁屑。可他并未轻视这项工作，而是非常勤恳地重复着这种既简单又辛苦的工作。他不只将铁屑打扫得十分干净，而且还利用清洁工可以到处走动的特点，细心观察了整个企业中每个部门的生产情况，并且一一做了详细的记录，发现了一些技术性问题，于是仔细研究解决的方法。

维斯卡亚公司在 20 世纪 90 年代初时被退回了很多订单，都是因为产品质量出现了问题，为此企业遭受了巨大的损失。于是，公司董事会召开紧急会议，商讨对策，在会议进行了一多半仍没有任何眉目时，史蒂芬突然闯进了会议室，要求见总裁。

史蒂芬在会议上将出现这个问题的原因做了让人信服的分

析，并就工程技术上的问题提出了自己的观点，接着拿出了自己对产品改造的设计图。这个设计很先进，刚好保留了原来机械的优点，同时解决了已经出现的弊病。

当总裁和董事会的各位董事看到这个尽职尽责的清洁工这么精明懂行时，都好奇地询问他的背景。结果，史蒂芬当即被提升为负责企业生产技术方面的副总裁。

一个重视细节，能够将小事做细、做好的员工，无论到哪家公司工作，都会得到老板的赏识。因为只有重视每一个工作细节，计划的执行才会落到实处，才会得到预期的效果。而如果一个人不能把小事做好，不愿意关注细节问题，缺乏应有的责任感，那么他就不会成为一名出色的员工，而这样的员工，是永远不会受到企业欢迎的。

6 有些事必须要“小题大做”

中国人口有13亿，不管多么小的问题，只要乘以13亿，那就成为很大很大的问题。

——温家宝

美国气象学家洛伦兹曾提出一个叫“蝴蝶效应”的理论学说，一只南美洲亚马孙河流域热带雨林中的蝴蝶，偶尔扇动几下翅膀，可能在两周后在美国得克萨斯引起一场龙卷风。因为蝴蝶翅膀的运动，导致其身边的空气系统发生变化，并引起微弱气流的产生，而微弱气流的产生又会引起它四周空气或其他系统产生相应的变化，由此引起连锁反应，最终导致其他系统的极大变化引发得克萨斯的龙卷风。这看似荒谬的理论，却揭示了一个重要的道理：事物和万物之间都相互关联，事物发展的结果往往起因于细小的小事。

在环环相扣的工作过程中，一处似乎可有可无的细节，一件看起来微不足道的小事，或者一个毫不起眼的变化，往往可以决定工作的进展，决定安危成败，这就是“蝴蝶效应”。所以，不要忽视那些不起眼的小事，恰恰是那些细枝末节成为事物发展的关键，或为决定成败的主力。

2010 年 7 月 19 日，广东省江门市金晖幼儿园发生校车闷死学童事故。该园一名 3 岁学童廖浩然由于被老师遗忘，困在车内长达 8 个小时，窒息死亡。

廖浩然是父亲廖勇和母亲王珍唯一的儿子。7 月 19 日，王珍一早就叫醒了 3 岁的儿子廖浩然，穿衣起床准备出门上学。8 时 30 分，小浩然背着醒目的小黄书包登上同样是黄色的金晖幼儿园校车。这是一辆不到 20 座的中巴车，车牌号粤 J36235。

根据保育员李莉事后接受警方调查时的笔录，当天廖浩然被安排坐到了总共 6 排座椅的倒数第二排靠左的位置上，而按照平日惯例，他一般会坐在司机的旁边。至于为什么，李莉表示自己记不太清当时的情况了。

警方笔录还显示，李莉突然间想起了廖浩然在这个位置上睡着的样子，“当天浩然好像特别困，睡着了，几乎没怎么说话”。车上靠左是两人位，孩子可以躺下。

这趟校车一共接了 10 个孩子。据李莉回忆，其他的小朋友都很闹。喧闹为何没有吵醒廖浩然，这一点尚无解释。校车沿着滨江大道一路行驶，9 时 10 分，停在了金晖幼儿园门口。孩子们闹哄哄地下车了。李莉对警方表示，当时她赶紧忙着下车照看这帮孩子，没顾上清点查看。

这辆校车的司机黄民盛是一名 50 多岁的老司机。据他对警方的陈述，当天李莉和一帮孩子下车后，他关上门窗，又绕着车走了一圈，从透明的车窗里看了一下车内情况。没有发现什么，于是，他也离开了。

7月19日当天，金晖幼儿园没有按照惯例分班上课，孩子们都聚集在操场上，为几天后的毕业典礼和汇报演出进行节目彩排。因此，正常的交接手续并没有履行。跟车保育员李莉没有和廖浩然的班主任李美君进行交接，李美君也没有追究廖浩然缺席的原因。

中午12时，江门市进入一天中最热的时刻。据警方测算，当时室外温度大概是40摄氏度，车内温度应该在50摄氏度以上。

幼儿园中午有近一个小时的午睡时间。下午，继续进行演出彩排，孩子们在操场上一直玩到下午4时20分。

该送孩子们回家了。司机老黄开锁，保育员李莉打开车门的一瞬间，发现廖浩然倒在车里，早已身亡。

蓬江区教育局作为幼儿园的主管部门，认定事故是由金晖幼儿园在安全管理过程中的人为疏忽所导致。教育局总结出3个因素：第一，随车的李莉老师违反当地教育部门制定的《蓬江区教育系统安全工作检查频度控制表》中“每车次要检查滞留学生”的要求，同时，没有认真做好相应交接工作及检查记录工作；第二，司机黄民盛未能在锁车门之前做好车厢内滞留学生情况的核查工作；第三，班主任李美君老师没有认真做好缺席幼儿的跟踪了解情况工作，在廖浩然没有到班上课的情况下，未致电其家长询问情况。

教育局结论：正是由于这3个连环的疏忽，直接导致了廖浩然的死亡。

试想一下，如果这三个连环细节上的疏忽有一个被重视，有一个被小题大作地认真去落实一下，这样的悲剧还会发生吗？

但在日常工作中，我们经常看到这样的现象：有些职工对于工作中的细小疏漏不以为然，或者根本就没放在眼里，总认为是小事一桩，没什么关系。有的员工对于厂里的检查或是处罚还有不少的抱怨，认为是“小题大做”、是“大惊小怪”，是“鸡蛋里面挑骨头”，是“故意找碴儿”，“故意跟我过不去”……这种想法是绝对错误的，绝对要不得的。

从上面这些事例我们可以看出，“小题大作”不仅重要，而且很有必要，因为“小题大做”抓得早是小苗头、是隐患、是未然，这对于企业最后成败是最有利的。“小题大做”，既是一种态度，也是一种方法，更是一种理念。如果企业上下，从领导到员工，都能做到“小题大做”、“大惊小怪”，都有这样的思想认识和工作态度，都能把“小事”当“大事”来抓，就一定能够做得更好。

有个学生在绘制图纸时，误将“1×100”写成了“100×1”。教授发现后，狠狠地批评了他。学生不服气，问教授两者有何区别。教授反问：“你和一个姑娘约会 100 次，与你和 100 个姑娘各约会 1 次，能是一回事吗？”

是的，完全不是一回事，小小的错误——哪怕是 1%的错误，带来的将是整件事情的扭转，100%的失败。

一家服装厂的一名业务员为单位订购一批羊皮，在合同中写道：“每张大于 4 平方尺、有疤痕的不要。”需要注意的是，其中的顿号本应是句号。结果供货商钻了空子，发来的羊皮都是小于 4 平方尺的，使订货者哑巴吃黄连，有苦说不出，损失惨重。

旧金山一位商人给一个萨克拉门托的商人发电报报价：“一万吨大麦，每吨 90 美元。价格高不高？买不买？”而萨克拉门托的那个商人原意是要说“不。太高”，可是电报里。却漏了一个句号，成了“不太高”。结果这一下就使他损失了几十万美元。

所以，有些事，小题大作，并不是坏事，而是非如此不可的要事。

7 把细节做到完美

小事成就大事，细节成就完美

——戴维·帕卡德

细节决定成败，只要把细节做到位了，做完美了，那么安全也就应该有保障了。中国伟大的思想家老子曾说过：天下难事，必成于易；天下大事，必做于细。细节到位，成功就不成问题。

细节是什么？细节就是电解槽气缸上的一个快接头；就是行车上一颗小小的螺丝；就是危险地段树立起的一块警示牌；就是进入车间时随手戴在头上的安全帽，就是喝开水时的一个杯垫，就是做完之后多看一眼，就是上岗之前的一声叮咛，就是买车票时多想一想。

东京一家贸易公司有一位小姐专门负责为客商购买车票，她常给德国一家大公司的商务经理购买来往于东京、大阪之间的火车票。

不久，这位经理发现了：他每次去大阪时，座位总在右窗口，返回东京时又总在左窗边。

于是，他询问小姐其中的缘故。小姐笑答道："车去大阪时，富士山在您右边，返回东京时，富士山已到了您的左边。我想外国人都喜欢富士山的壮丽景色，所以我替您买了不同的车票。"

就是这种不起眼的细心事，使这位德国经理十分感动，促使他把对这家日本公司的贸易额由400万马克提高到1200万马克。他认为，在这样一个微不足道的小事上，这家公司的职员都能够想得这么周到，做得如此完美，那么，跟他们做生意还有什么不放心的呢？

任何一个把细节做到完美、细致的企业或者员工都足以得到认可和信任。工作中没有什么事情是小事,没有任何一个细节不应当做到完美。因为每一个在这里每一个小小的失误都会影响到其产品,而不合格的产品又会对客户产生不利的因素。比如每次公司发出的通知,应用词准确,标点符号清楚,行文格式符合要求,沟通无障碍。写字楼卫生间无污染、无死角、无异味,卫生纸与洗手液不断档。在任何事情上,细节是手段、是过程、是投入,完美是结果、是结局,是目标的表现。

现代社会随着社会分工越来越细,对细节的要求也越来越高了,要求人们做事认真、精细,否则会影响整个社会体系的正常运转。如一台拖拉机有五六千个零部件,要几十个工厂进行生产协作;一辆中华牌小汽车,有上万个零件,需上百家企业生产协作;一架飞机,共有450万个零部件,涉及的企业单位更多。如果把每一个零件的制造又分解成各个步骤:试想,哪一件产品不是细节的汇聚,哪一份工作又不是细小的工作?在这由成百上千乃至上万、数百万的零部件所组成的机器中,每一个部件哪怕是1%的差错。对产品都是致命的损害,可见细枝末节小事的重要。

注重细节,就是要工作认真,一丝不苟。注重细节就是每一位职工,都必须摆正自己的位置,注重每一个细节,用细节的态度和眼光,去发现和消除每一个细小的隐患,并养成一种良好的习惯;注重细节就是每一位职工,都必须清楚明白自己所应负有的职责,我们时时刻刻都要回头望一下,检讨一下,我们该如何做,我们做得如何?我们是否遗漏了某一个细节?

当宝洁公司刚开始推出汰渍洗衣粉时,市场占有率和销售额以惊人的速度向上飙升,但是,过了不久,这种强劲的增长势头就逐渐放缓了。宝洁公司的销售人员特别纳闷,虽然进行过大量的市场调查,但一直都找不到销量停滞不前的原因。

于是,宝洁公司召开了一次产品座谈会。会上,有一位员工说出了汰渍洗衣粉销量下滑的关键:“汰渍洗衣粉的用量太大。”

宝洁公司的领导们急忙追问其中的缘由，这位员工说："看看我们的广告，倒洗衣粉要倒那么长时间，衣服是洗得干净，但要用那么多洗衣粉，算起来很不划算。"

听到这番话，销售经理立即把广告经理找来，算了一下展示产品部分中倒洗衣粉的时间，一共3秒钟；而其他品牌的洗衣粉广告中倒洗衣粉的时间仅仅1.5秒。

就是在广告上这么细小的一点疏忽，对汰渍洗衣粉的销售和品牌形象造成了严重的伤害。大大影响到宝洁公司的利益。而另一家大企业希尔顿却正是因为抓好了细节，才赢得了全世界范围内的良好口碑。

希尔顿饭店的创始人康·尼·希尔顿就是一个在"细节"上追求完美的人。他要求他的员工："大家牢记，千万不要把忧愁摆在脸上！无论饭店本身有何等的困难，大家都必须从这件小事做起，让自己的脸上永远充满微笑。这样，才会受到顾客的青睐！"正是这小小的要求，让希尔顿饭店享誉全球。

一家企业的副总布迪特曾入住过希尔顿饭店。那天早上刚一打开门，走廊尽头站着的服务员就走过来向布迪特先生问好。让布迪特先生奇怪的并不是服务员的礼貌举动，而是服务员竟然喊出了自己的名字，因为在布迪特先生多年的出差生涯中，在其他饭店住宿时从没有服务员能叫出客人的名字。

原来，希尔顿饭店要求楼层服务员要时刻记住自己所服务的每个房间客人的名字，以便提供更细致周到的服务。当布迪特坐电梯到一楼的时候，一楼的服务员同样也能够叫出他的名字，这让布迪特先生非常纳闷。服务员于是解释："因为上面有电话过来，说您下来了。"

吃早餐的时候，饭店服务员送来了一个点心。布迪特问："这道菜中间红的是什么？"服务员看了一眼，然后后退一步做了回答。布迪特又问旁边那个黑黑的是什么。服务员上前看了一眼，随即又后退一步作答。布迪特询问服务员为什么每次都要后退一步。服务员回答说是为了避免自己的唾沫落到客人的早点上。

可见，只有将细节、小节、小事做到极致，才算做好了自己的本职工作。

许多员工做事不精益求精，只求差不多。尽管从表面看来，他们也很努力、很敬业，但结果总无法令人满意。其中重要的一点就是没有把细节做到极致做到完美。

所以，工作细心，尽善尽美，在工作中显得尤为重要。无论做什么事，都力求至善至美的结果，这样不仅能提高工作效率和工作质量，而且能够树立起一种高尚的人格。

有一家大公司的部门经理，以前他不过是一家家具店的学徒工。"不要在这件事上浪费时间了，它是毫无价值和意义的，查理！"他的老板常常对他说。这个学徒一有空闲，就琢磨修理家具，很快他就熟练地掌握了修理家具的精湛技术。他如此认真仔细，甚至连店主都觉得有些过分。不满足于良好状态，坚持每一件事都做到尽善尽美——这是他的工作习惯，也正是这种良好的习惯将这位年轻人推上一个又一个重要的位置。

还有一位著名的雕塑家，特别注意每一件雕塑作品的所有细节，不厌其烦地精雕细琢同一作品。曾有人问他："这些细小地方，别人不注意看，应该不会有太大的问题吧！"这位雕塑家却回答说："你说得很对。但是，艺术的完美就是在于它的细节。"

细节就像人体的细胞一样举足轻重，谁能把住细节，谁就能悄然成功，于无声处听惊雷，在细节中见真知。落实好每一个细节，把小事做细，把细节做好做透做到完美，结果还用得着担心么？

当然，要把细节做到完美，与各个方面都有关系，是一个复杂的系统工程，但其中最为关键的当然还是身处第一线的每一位员工。员工素质的高低，知识的多少，技能的生熟，责任心的程度以及勇气、勤奋、热情、忠诚、是不是足够细心等都有关系。

有位医学院的教授，在上课的第一天对他的学生说："当医生，最要紧的就是胆大心细！"说完，便将一只手指伸进桌子上一只盛满尿液的杯子里，接着再把手指放进自己的嘴中。随后，教授将那只杯子递给学生，让这些学生照着他的做法来做。看到每个学生都忍着呕吐，像教授一样把手指探入杯中，然后再塞进嘴里。教授微笑着说："哈哈，不错，不错，你们每个人都够胆大的。只可惜你们不够心细，看得不够清楚，没有注意我探入尿杯的是食指，放进嘴里的却是中指！"

要想把细节做到完美，要牢固树立"细节决定成败"的观念，坚决克服"螺丝少紧一扣不碍事、垫片少上一个没问题、作业简化一步不算啥"的错误思想和行为，立足岗位，从小事做起，从自我做起，从现在做起，关注细节，尽职尽责，严格遵守规章制度，规范自己的每一个动作，认真负责、一丝不苟地把每一件细节、每一道工序、每一个环节做细、做好、做到位，做到完美，就一定可以保证我们最后的成功。这是优秀员工必须要铭记于心的工作准则，因为细节决定成败、细节决定一切。

哲理6　离开了勤奋，也就放弃了成功

勤奋是成功无法绕开的必经之路，勤奋是所有聪明和才智的来源，勤奋是永不过时的工作精神。勤能补拙，勤能助智，勤能弥弱，勤能克服你所有的不足……但是离开了勤奋，不论你有多么高的天分、多么优越的条件，也不可能拥有成功。

1 勤奋是通向成功的必经之路

世界上能登上金字塔顶的生物只有两种:一种是鹰,一种是蜗牛。不管是天资奇佳的鹰,还是资质平庸的蜗牛,能登上塔尖,极目四望、俯视万里,都离不开两个字——勤奋。

——古埃及谚语

古埃及有这样一句谚语:“世界上能登上金字塔顶的生物只有两种:一种是鹰,一种是蜗牛。不管是天资奇佳的鹰,还是资质平庸的蜗牛,能登上塔尖,极目四望,俯视万里,都离不开两个字——勤奋。”仅从这一句谚语,就可以解释出古埃及为什么会高度文明高度发达了,因为他们有勤奋的传统,有勤劳的品质。

一个人的进取与成才,环境、机遇、天赋、学识等外部因素固然重要,但更重要的是依赖于自身的勤奋与努力。缺少勤奋的精神,哪怕是天资奇佳的雄鹰也只能空振双翅;有了勤奋的精神,哪怕是行动迟缓的蜗牛也能雄踞塔顶。成功不单纯靠能力和智慧,更要靠坚持不懈地付出努力。

闻名遐迩的窦铁成,当初是从农村被招工到中国中铁一局电务公司当上电力工的,他通过勤奋自学和刻苦钻研,成为技能出众、理论功底扎实的知识型高级技师。

窦铁成本来文化基础很薄,他下决心靠勤奋学习提升自己。他极度珍惜刚参加工作时为期 7 个月的基础培训,到了节假日,其他学员都出去探亲访友,唯独窦铁成一个人闷在教室里默默苦读。结业时,他拿了电力单科考试的最高分,以优异的成绩考取了局电力技术培训班。仅仅用了一年时间,窦铁成已经成了一名技术熟练的电力工人。窦铁成常说:“我没有文凭,但我不能没有知识！”“没有知识．就会被人瞧不起，更谈不上养家立业。”

为了多掌握技能，窦铁成自学了《钣金工艺》、《钳工技术》、《机械制图》等与电力相关的专业书籍。之后，又自学了与电力相关的很多大学专业书籍。在攻读《高等数学》、《电磁学》、《电子技术》、《电机学》等专业书籍中，他不知度过了多少不眠之夜。只有初中文化水平的他，要读懂弄通大学课程，其艰辛可想而知。为了记住一个稍复杂的公式，他就写在纸上，贴在床头上，放在枕头边上，抄在笔记本上，整天着了魔似的反复背诵，直到熟记于心；为了理解一个公式，他经常求教于比他年龄小 20 几岁的大学生。

窦铁成陆续花了上万元买了上千册书，积攒了三大箱子。工作流动到哪里，书就跟着搬到哪里。其他东西可以丢，但那三箱子书却是至宝。工友们打趣道：“老窦把书搁在跟前，把老婆撂在一边！”

计算机刚进企业时，窦铁成就请求财务人员锁好保险柜，允许他每晚进到财务室去学电脑。那时他已 40 多岁，从学拼音、练打字开始，逐渐学会 WORD、CAD 制图等软件的应用。经过一个个不眠之夜的磨砺，窦铁成终于学会了用电脑设计绘制各种电力技术图纸，成为中铁一局 3 万名工人中掌握电脑绘图的第一人。2001 年，在西南铁路线电力施工时，有次遇到变压器环流故障，他将数据输入电脑分析，立刻找出了问题症结。设计院一位专家非常惊讶地问他：“你怎么能用电脑分析出来？”他笑道：“刚学会的。”

窦铁成有记笔记的习惯，新知识、难点、体会，他都记。2004 年，窦铁成作为中铁集团 30 万工人的唯一代表，与多名中央企业的厂长、经理参加了国资委组织的远赴比利时、法国、德国等国的学习。20 天的学习结束，他写下了 80 多页的学习笔记，留下了完整的录音、录像资料。几十年下来，他的笔记本就攒了 60 多本、达 100 万字，而且每一本上的字迹都工工整整。

窦铁成的心得是："再难的知识，只要一点点啃、一点点琢磨、分析。总能悟出个道道来。在工作中遇到问题，就是学习的最佳时机。在实际工作中带着问题学，不仅能解决问题。还能弄清背后的原理，让知识更加牢固，更加实用。"

只有勤奋是通向成功的必经之路。那些成功者，那些做出了惊天动地大事的伟人，那些忠诚敬业成就卓越的人，都有一个共同的特点，那就是勤奋。从来没有一次成功是不需经过勤奋努力奋斗而得来的，从来没有一个成功者是散漫懒惰的。

勤奋是走向成功的必备条件。也许并不能每一次努力都有收获，但有一点收获却必须有勤奋加汗水。

一个人就算他聪明，就算他很有才能，就算他真的像大家说的那样天资超群，但是，如果他没有勤奋努力的精神，这一切都是没有用的。只有勤奋努力的人才能有一个好的前途，只有勤奋努力的人才有更多晋升的机会，只有勤奋努力的人才能得到赏识，只有勤奋努力的人才能最终走向成功。让我们来看一例：

在美国，有一个人在一年之中的每一天里，都几乎做着同一件事：天刚刚放亮，他就伏在打字机前，开始一天的写作。这个男人名叫斯蒂芬·金，是国际上著名的恐怖小说大师。斯蒂芬·金的经历十分坎坷，他曾经潦倒得连电话费都交不起，电话公司因此而掐断了他的电话线。后来，他成了世界上著名的恐怖小说大师，整天稿约不断。常常是一部小说还在他的大脑之中构思着，出版社高额的订金就支付给了他。

如今，他算是世界级的大富翁了。可是，他的每一天，仍然是在勤奋的创作之中度过的。斯蒂芬·金成功的秘诀很简单，只有两个字：勤奋。

一年之中，他只有 3 天的时间是例外的——不写作。也就是说，他只有 3 天的休息时间，这 3 天是：生日、圣诞节、美国独立日（国庆节）。

勤奋给斯蒂芬·金带来的好处是：永不枯竭的灵感。勤奋出灵感，缪斯女神对那些勤奋的人总是格外青睐，她会源源不断地给这些人送去灵感。

古罗马人有两座圣殿：一座是勤奋的圣殿；另一座是荣誉的圣殿。他们在安排座位时有一个秩序，就是必须经过前者，才能达到后者。意思很明白：勤奋是通向荣誉之殿的必经之路，谁却无法绕过，也永远无法绕过。那些试图绕过勤奋，寻找荣誉的人，总是被排斥在荣誉的殿堂之外，因为勤奋是通向荣誉的必经之路。

2　勤奋是永不过时的工作精神

绳锯木断，水滴石穿。

——班固

对职场来说，忠诚敬业是一个优秀员工的职业操守，勤奋努力则是最完美的职业态度。只有勤勤恳恳、扎扎实实地勤奋工作，才能把自己的才能和潜力全部发挥出来，才能在短时间内创造出更多的价值。

勤奋工作既是一种能力和克己的训练，也是创造辉煌成就的前提，勤奋工作能激活人内在的激情，勤奋是永不过时的职业精神。不论在什么时代，什么潮流和什么思想下，勤奋永远是受人尊崇的职业品质。

人们常常惊异于文艺家的创造性的才能，爱用“才”和“灵感”这样的术语，去解释作家的智力。其实，作家的智慧，虽然与观察、记忆、想象、美感能力有关,但是,影响作家成才的条件,并非都是智力作用的结果,一个最重要的因素就是勤奋。

在20世纪90年代曾经流行过陈燕妮写的一本书——《遭遇美国》,里面介绍了一些有名的或者是无名的中国人去美国之后的经历。其中演员王洛勇的经历给读者留下了很深的印象。

1991年5月,已经成为威斯康星大学教授的王洛勇去百老汇看了《西贡小姐》。看完后,他突然有一种冲动,觉得自己能够演好剧中的主角——皮条客Engineer,于是费尽周折,他见到了百老汇专门选演员的导演克利夫。

克利夫约他第二天去试戏。第二天,王洛勇试唱了一段百老汇音乐剧《南太平洋》,他信心十足,抑扬顿挫。没想到克利夫打断了他的演唱,说《南太平洋》太抒情,不符合所要演的皮条客Engineer的角色。

第二次,王洛勇新选了一个曲目,又去试唱,结果又被拒绝。

王洛勇突然想出了一个破釜沉舟的决定。他决定辞去学校的工作,从一个普通演员开始,和自己的学生去竞争,一点一点走进美国的演艺圈,一点一点闯入百老汇。他相信:苦心人,天不负。

在美国唱音乐剧,首要的是一口流利、纯正的英语。一位教授为了校正发音,用红酒的软木塞给他做了一串像钥匙的东西,让他咬着软木塞发音。一次到海边玩,王洛勇发现石头坚硬,他就试着把石头含在嘴里,这么一练,同样有效果。就这样,他天天含着石头练发音。

……就这样,王洛勇屡败屡战,先后闯荡了8次。

1995年5月中旬的一天,王洛勇得到通知,百老汇请他去演《西贡小姐》的皮条客Engineer。

这一天,王洛勇作为《西贡小姐》的主角站在了梦寐以求的象征着世界戏剧最高水平的百老汇舞台上。

王洛勇说过:“要想做一名真正的艺术家,必须过一种非常自律的生活,你只有付出比别人多的勤奋,幸运之神才会眷顾于你。”

可见,只有勤奋才能做好工作,才能使人达到成功,而懒惰在职场中是没有市场的。

其实,我们谁都无法否认,人都是有惰性的,只是每个人“惰”的程度不同而已,关键是我们要去有意识地规避惰性,去激发自己的积极性。要想在这个人才辈出的时代走出一条完美的职业轨迹,唯有依靠勤奋的美德。

被誉为近代科学的开创者牛顿,在科学上作出了巨大贡献。他的三大成就——光的分析、万有引力定律和微积分学,对现代科学的发展奠定了基础。他的成功就来自于他的勤奋。

牛顿每天除抽出少量的时间锻炼身体外,大部分时间是在书房里度过的。一次,在书房中,他一边思考着问题,一边在煮鸡蛋。苦苦地思索简直使他痴迷。突然,锅里的水沸腾了,赶忙掀锅一看,“啊!”他惊叫起来,锅里煮的却是一块怀表。原来他考虑问题时竟心不在焉地随手把怀表当做鸡蛋放在锅里了。

还有一次,牛顿邀请一位朋友到他家吃午饭。他研究科学入了迷,把这件事忘掉了。他的佣人照例只准备了牛顿个人吃的午饭。临近中午,客人应邀而来。客人看见牛顿正在埋头计算问题,桌上、床上摆着稿纸、书籍。看到这种情形,客人没有打搅牛顿,见桌上摆着饭菜,以为是给他准备的,便坐下吃了起来。吃完后就悄悄地走了。当牛顿把题计算完了,走到餐桌旁准备吃午饭时,看见盘子里吃过的鸡骨头,恍然大悟地说:“我以为我没有吃饭呢,原来我已经吃了。”

只有那些勤奋努力、做事敏捷、反应迅速的人,只有充满热忱、血气如潮、富有思想的人,才能把自己的事业带入成功的轨道。这是从古至今亘古不变的真理,也是永不过时的恒久精神。

因为勤奋,安徒生从一个鞋匠的儿子成为了一名著名的童话家;因为勤奋,巴尔扎克给人类留下了宝贵的文学遗产《人间喜剧》,还是因为勤奋,爱迪生拥有了1000多项伟大发明,爱因斯坦创立了震惊世界的相对论。

爱因斯坦曾经说过:"在天才和勤奋之间,我毫不迟疑地选择勤奋,他几乎是世界上一切成就的催生婆。"高尔基也曾说过这么一句话:"天才出于勤奋"。海涅说:"人们在那儿高谈着天气和灵感之类的东西,而我却像首饰匠打金锁链那样精心地劳动着,把一个个小环非常合适地连接起来。"托马斯·爱迪生留下许多伟大发明的同时,也留下了一句不朽的名言:"勤劳是无可替代的。"

中国古人也给我们留下了:晋代名士孙敬头悬梁、战国苏秦锥刺股、西汉匡衡凿壁偷光、祖狄闻鸡起舞的千古美谈,也留下了"一勤天下无难事"、"业精于勤荒于嬉"的格言警句。

从古今中外这些故事和大师们的名言中无不折射出他们视勤奋为成功第一要素的根本态度,充分说明了勤劳对于成功的重要性。

勤奋努力的精神永不过时。在今天,勤奋依然是每一个成功者的不二法门。

曾任北大校长的季羡林教授曾为成功列过一个公式:天资+勤奋+机遇=成功,他解释说,天资是由天决定的,我们无能为力,机遇是不期而来的,我们也难以把握,只有勤奋这一项完全是由我们自己决定的,我们必须在这一项上狠下工夫。古今中外的成功人士中,有哪位不是靠勤奋走向成功的?季先生这样说了,也是这样做的,他即使是80高龄时也依然勤读不停,笔耕不辍,每天手不释卷,潜心攻读。

著名的数学家华罗庚先生有一句话："勤奋补拙是良训，一分辛苦一分才。"这也他的座右铭，更是他的亲身经历：华罗康由于家境贫寒，读完中学后便辍学在家，但他没有忘记学习——他一边在自家杂货店里做生意，一边利用做生意算帐的机会自学数学。他就是靠着勤奋，从一个初中毕业生成长为一代数学大师的。

常言道："一份耕耘，一份收获。"只要有了辛勤的劳动，才会有丰硕的成果，不劳而获的事情从来就是不存在的，坦率地讲勤奋是实现理想的奠基石，是补拙益智的催化剂，是通向成功彼岸的桥梁，是自学课堂的老师，是人生航道上的灯塔。勤奋属于珍惜时间，爱惜光阴的人；属于脚踏实地，一丝不苟的人；属于坚持不懈，持之以恒的人；属于勇于探索，勤于创新的人。

勤奋不仅是一种对待工作的态度，而且也是一种对自己负责任的表现。要想在这个人才辈出的时代里走出一条完美的职业轨迹，惟有依靠勤奋工作的精神去激励自己不断地进取，才能够实现人生的梦想。

勤奋努力与时代、与行业、与岗位都没有太大的关系，勤奋努力的工作精神更不会过时，越在当今激烈竞争的时代，越是先进的、高尖的技术行业，越需要这种勤奋努力拼搏进取的精神。

3　勤勤恳恳，努力工作

业精于勤荒于嬉；行成于思毁于随。

——韩愈

勤奋是走向成功的必备条件。在现实生活当中，有许多人所掌握的知识远远多于松下幸之助，多于原一平，多于许多成功的企业家，但却正是由于没有能像原一平他们那样勤勤恳恳、扎扎实实地工作，没能把自己的才能和潜力发挥出来，所以也就没能取得像他们那样的成功。

在今天这个充满机遇和挑战的社会里，要想让自己抓住机遇脱颖而出，就必须要求自己付出比其他人更多的勤奋和努力，积极进取，奋发向上，才能够达成愿望。在平凡岗位上辛勤工作的人是如此，在领导岗位上的人更是如此。

卡尔森是卡尔森企业集团的老板，名下有全世界最大的旅行社以及瑞森大饭店，《福布斯》杂志估计他的财产近5亿美元。他是勤奋致富的典范，是个从推着自行车卖奖券开始，一直做到全国首屈一指的大富豪的传奇人物。他的工作哲学是“星期一到星期五是在保持竞争力不落人后，星期六与星期日拿来超越他人”。

聪明的、明白工作哲理的员工是不会计较多做一些工作的，他们知道这些辛勤的付出其实都是为自己的成功做准备，因为唯有勤奋是成功绕不过去的必经之路。

许多成就非凡的商界精英的成功秘诀都是基于实干心态上的勤奋和努力，勤奋就是他们制胜的法宝，是他们成功的秘密所在。

1950年，李嘉诚以自己的积蓄和从亲友手中借来的5万港元租厂房，开办长江塑胶厂，而从此一发不可收拾。他不曾出现过巨大的失误。但他仍然用了将近一生的时间才做出了今天的成绩。俗话说，勤能补拙。李嘉诚能有今天的成就，主要得益于他性格中勤劳刻苦的品质。李嘉诚认为早期的勤奋，正是他储蓄资本的阶段，这也就是西方人士称为“资本积累”的观念。

他自己说过：在20岁前，事业上的成果百分之百靠双手勤劳换来；20岁至30岁之前，事业已有些小基础，那10年的成功，10％靠运气好，90％仍是由勤劳得来。

李嘉诚成功的奥秘，其实就是勤奋。勤奋、信用和学习是他最大的财富，推动他不断地走向成功。做了一辈子生意的李嘉诚，这样总结自己的成功之道："因为我勤奋，我节俭，有毅力。我肯求知，并建立良好的人际关系。"每当面对挫折时，他都比别人更勤奋，在行动中总结出失败的教训、发现跨越挫折的路径，最后一次次地走出了困境。最让李嘉诚难忘的，还是早年勤奋进取的岁月。在茶楼当跑堂时，每天跑堂的小伙子早已睡去，李嘉诚却依然挑灯夜读，勤奋思考，在不断地规划自己的人生。多年以后，他已经超出了同龄人许多。

勤奋是成功的第一资本，天下没有免费的午餐，要想获得财富没有吃苦耐劳的精神是不行的。许多商人在刚开始经商的时候，都是一穷二白，他们没有学历，没有资金，但是他们在事业拼搏中都非常善于吃苦。几乎每一位成功的商人都认为：只要肯吃苦，遍地都是金。是的，他们能够白天当老板，晚上睡地板。他们什么苦都肯吃，什么脏活、累活都愿意干。别人不愿意干的苦活，诸如补鞋、弹棉花、拾垃圾等，只要能赚到钱，他们都乐意去做。要想成为一位出色的商人，就必须要能吃苦，就必须学会做常人不愿做的事情，不敢做的事情。

所谓一份耕耘，一份收获。世界上没有一劳永逸的事情，只有勤奋才能得到上天的眷顾。再看一看成功的商人，李嘉成、王永庆、马云、松下幸之助……他们哪一个不是靠勤奋起家的呢。勤奋永远是独立于时代之外的成功要素——不管什么时代，离开了勤奋，都等于是放弃了成功！除了勤奋，再没有成功之路，天道酬勤，成事之道，古今中外，概莫能外。所以勤勤恳恳，做好自己的工作，就是在积累成功。

4 以勤补拙，勤奋工作

勤能补拙是良训，一分辛苦一分才。

——华罗庚

世界上的人千千万万，每一个人的天资、环境、条件和能力都大不相同。有的人确实天生是命运的宠儿，天生就比别人更多一些成功的元素，但这却并不是最重要的，最重要的还是在于个人的勤奋努力和工作态度。俗话说，勤能补拙，勤奋是弥补缺陷的最佳良药。

我国伟大的科学家童第周也是一个勤奋成才的典范。童第周因为家境清贫，考入了浙江宁波效实中学，成为一名三年级的插班生。因为基础差，他的成绩是全班倒数第一，但他并不灰心，发誓一定要赶上去。一天深夜，教数学的陈教师因为没做完的事情回到学校，这时，他看见了在昏黄的路灯下的童第周，正借着路灯的微光演算习题，老师走过去劝他回去休息，但没有走多远，童第周又站在路灯下捧起书读了起来，期末考试到了，童第周的好成绩居然引起了全校轰动。

天资并不能决定一个人的成就。许多的聪明人都曾为一个问题而困惑不解：明明自己比他人更有能力天分更高，为什么成就却远远落后于他人？关键的关键还是勤奋。

大家都知道曾国藩，他是中国历史上最有影响的人物之一，就是现在也处处能看见他的影子，借曾国藩之名出了很多书，比如《曾国藩管理》、《曾国藩家书》、《曾国藩冰鉴》，等等，不下20种。这样一个大人物，大家一定会以为他天生聪颖、智慧超群吧？其实不然。

他小时候的天赋不但不高，甚至还可以说有点笨！有一天在家读书，对一篇文章重复不知道多少遍了，还在朗读，因为，他还没有背下来。这时候他家来了一个贼，潜伏在他的屋檐下，希望等读书人睡觉之后捞点好处。可是等啊等，就是不见他睡觉，还是翻来覆去地读那篇文章。贼人大怒，跳出来说，“这种水平读什么书？”然后将那文章背诵一遍，扬长而去！

贼人是很聪明，至少比曾国藩要聪明，记忆力真好，听过几遍的文章都能背下来，而且很勇敢，身为贼人居然可以跳出来“大怒”背书，教训别人。但是遗憾的是，他名不见经传，而曾国藩却青史留名，连一代领袖毛泽东都深为钦佩："愚于近人，独服曾文正。"

可见，成功与天赋并不成正比，却与勤奋息息相关。伟大的成功和辛勤的劳动是成正比的，有一分劳动就有一分收获，日积月累，从少到多，奇迹就可以创造出来。

当一个人视自己的事业如自己的生命一般神圣，当一个人把勤奋努力作为人生的座右铭，当一个人把自己的全部精力都投入到某一工作中去，就算他天资不足，就算他愚钝笨拙，就算他身患残疾，但又有什么做不成功的事情呢？

一分耕耘一分收获，任何人，哪怕天分再低，只要勤奋努力了都会有所成就，有时成就甚至连自己也吃惊。

据说，清末时梨园中有"三怪"，他们都是因为勤学苦练成了才。瞎子双阔，自小学戏，后来因疾失明，从此他更加勤奋学习，苦练基本功，他在台下走路时需人搀扶，可是上台表演时却寸步不乱，演技超群，终于成为功深艺湛的名须生。

另一位是跛子孟鸿寿，幼年身患软骨病，身长腿短，头大脚小，走起路来很不稳便。于是，他暗下决心，勤学苦练，扬长避短，后来一举成为丑角大师。

还有一位是哑巴王益芬，先天不会说话，平日看父母演戏，一一默记在心，虽无人教授，但他每天起早贪黑练功，长年不懈。艺成后，一鸣惊人，成为戏园里有名的武花脸，被戏班子奉为导师。

天才来自勤奋，不过这"三怪"的成功，还有另一方面的原因，就是他们各自都身带残疾，他们为什么能够成才呢？一是他们不被自身的缺陷所压服，身残的压力让他们更加坚定了人生的信念，看似失败的人生，实际还有通向成功的途径，他们身残志坚，扬长避短，再加上勤奋，于是他们从勤奋中创造了最好的自己，同时也成就了一番事业。

客观的任何原因都是可以克服的，最主要的原因还在于我们的心里，在于我们对梦想追求的热情和对工作所持的态度。只要有奋发进取、勤奋努力的精神，梦想就一定会实现，成功也就不再遥远。

5 坚决克服懒散和懈怠

手懒的，要受贫穷；手勤的，得到富足。

——职场箴言

勤奋可以给个人和民族创造辉煌，在世界历史上留下痕迹的事情都是勤奋的结果。懒惰能给个人和民族带来毁灭，它从来没有给世界历史留下好的声音。

懒汉们经常抱怨自己竟然没有能力让自己和家人衣食无忧，勤奋的人则说："我也许没有什么特别的才能，但我能够拼命干活以挣取面包。"

日上三竿，蠢才懒洋洋地起来，漫不经心地闲逛，恰遇人才工作回来，两人握手后就聊开了。

蠢才笑嘻嘻地说："你名字是人才，可'人'字太简单，一看就没多少东西，没有多大意思。"

人才微笑地回应："你叫蠢才，是春天生的？真不简单，还有两条虫子伴在你身边。"

"什么？两条虫？"

"是啊！一条公的叫笨虫，一条母的叫懒虫。"人才不假思索地回答。

歌德说："天才就是勤奋！"哲人说："懒惰人指望吃饭不用牙齿，但把智慧吞噬了。"**人才与蠢才最大的区别，就是一个天天做工，一个天天做梦。**

许多企业员工不热爱本职工作，因为他们对工作没有兴趣，在工作中懈怠而非专心致志。无数的职场事例表明，懈怠产生无聊，无聊则导致懒散。世界上没有天生的懒人，人总是期望有事可做。

然而，许多职工都有这样一种想法：工作太单调、琐细了，或是我的工作没有什么前途……在各种借口和抱怨之下，他们便开始懈怠工作。一旦懈怠进入你的工作，你的工作兴趣便迅速被吞噬。用不了多久，你便无法对工作产生兴趣，没有兴趣则没有热忱和进取心。于是，他们应付、懈怠工作，最后形成了懒惰的恶习。

而对一个渴望锦绣前程的职场中人来说，懈怠最具破坏性，也是最危险的恶习，它使人根本无法把精力用在工作中，一旦开始推诿懈怠，就很容易变成一种根深蒂固的恶习，而且这种恶习很难根除。

习惯性的拖延者通常也是制造借口与托辞的专家。很显然，如果你存心推诿逃避，把“工作太困难，太费时”等种种理由合理化，要比相信“只要我全心全意地工作，就能完成任何工作”的念头容易得多。

懈怠是对生命的挥霍。在许多组织里，有很多成员把懈怠工作当成司空见惯。如果把工作情景摄录下来，我们就会惊讶地发现，懈怠正在不知不觉地消耗着许多人的生命。其实，懈怠是人的惰性在作怪，每当自己准备专心工作时，就会找出一些可以安慰自己的借口。相反员工能在瞬间果断地战胜惰性，把全部精力用在工作上，积极主动地面对挑战；而另一些平庸的人，却无法定夺，在惰性的“泥潭”里不知所措。

懈怠也是对惰性的纵容，一旦形成懒惰的恶习，就会消磨人的意志，使你对自己越来越失去信心，怀疑自己的毅力，怀疑自已的目标，甚至会使自己的性格变得犹豫不决。

所以，心怀大志，渴望成功的员工，要去有意识地规避惰性，去激发自己的积极性，养成勤奋努力的好习惯。如果你这样做了，成功应该不远。

有一位靠慈善机构救助的失业青年写信告诉成功学家卡耐基先生，他说自己曾经多次求职，均遭失败，他希望卡耐基先生告诉他解决的办法。

于是，卡耐基先生来到了贫民区，找到了这位青年。他发现这位青年对事业有着强烈的欲望，却难以战胜多年来养成的懒惰习惯，不能够勤奋的工作，才陷于困境之中。

卡耐基先生对他说："你总是想做一番事业，但是当你真的面对一份工作的时候，又不肯勤奋努力。其实，一个人如果不能抵挡懒惰的诱惑，便不会有一个勤奋的开始。失去了勤奋，一个人也只有在困境之中自甘堕落，挥霍自己的青春。"

这位青年说："我很想改变自己的这个毛病，但我没有想出战胜它的办法。"

卡耐基说："给自己制定一个短期目标，找一份工作，每天咬紧牙关要求自己从一点一滴的小事做起，认认真真地干好每一天的工作。并且，养成每天把自己的私人房间都收拾得干干净净、清清爽爽的习惯，勤奋的意识便会慢慢渗入你的脑海之中。"

这位青年听从了卡耐基的忠告，不再接受慈善机构的捐助，开始寻找工作，自己养活自己。他走到大街上，发现许多公司的牌匾上面落了很厚的灰尘，却无人擦拭。便抱着试试看的心理，找到一家公司的主管，对他们说："牌匾脏了会影响公司的形象，我可以将贵公司门前的牌匾擦拭干净，而且工钱很便宜。公司的主管欣然接受了他的建议。他便花了几个小时将公司门前的那块牌匾擦拭得焕然一新。公司的主管很高兴，给了他工钱之后，还对他说，希望他今后能继续提供这种服务。

受这件事的启发，这位青年用这次擦拭牌匾赚来的钱印了传单，买来了需要的清洁用品，为所有需要清洁牌匾的公司提供服务。他的这项服务推出后，立刻受到社会各界的欢迎，一时间，订单像雪片一样飞来，他立刻全身心地投入自己的工作之中。

后来，这位青年在此基础上成立了一家专门清洁牌匾和粉刷楼房外墙的公司。每天，他都要求自己和工人们在一起干活。结果，由于服务周到、信誉良好，他的财源滚滚。

只有那些勤奋努力、做事敏捷、反应迅速的人，只有充满热忱、血气如潮、富有思想的人，才能把自己的事业带入成功的轨道。所以一定要我服懈怠，规避惰性，抛弃懒教。

如何克服我们的这种懒散和惰性呢？

(1)**牢记自己的梦想**：只有给自己一个奋斗的理由，你才能坚定信心，锲而不舍。有太多的人只是为工作而工作，如果讨厌责任，或者是惩罚，这种思想注定了只会偷懒和拖拉。而如果你把工作当成实现梦想的阶梯，每上一个阶梯，就会离梦想更近一点，就不会觉得痛苦，相反会很快沉浸到工作中去。

(2)**学会用心工作**：专注的员工不仅要勤奋工作，还要尽善尽美地完成工作，还必须用你的眼睛去发现问题，用你的耳朵去倾听建议，用你的大脑去思考、去学习。

但是，勤奋工作不是机械地工作，而是用心在工作中学习知识，总结经验，在上班时间不能完成工作而加班加点，那不是勤奋，而是不具备在规定时间里完成工作的能力，是低效率的表现。

(3)**自己奖励自己**：勤奋总与“苦”和“累”联系在一起，如果长期处于苦和累的环境中，你可能会厌倦，甚至放弃。所以，适时地奖励一下自己是非常重要的。当自己掌握了一种好的工作方法，或工作效率提高了时，不妨去看一场向往已久的演出，或是为自己准备一顿丰盛的晚餐。这样的奖励往往会刺激你更加努力地工作。

勤奋并不是要你一刻不停地干，把自己弄得精疲力竭只会导致低效率。所以工作累了的时候不妨花上几分钟的时间放松一下，给自己紧张的大脑“换换挡。”

(4)**成功之后还要继续努力**：勤奋通向成功，而成功很可能会成为勤奋的坟墓。成功之后就不再努力的例子并不鲜见。很多人凭借着勤奋努力终于被领导提拔和重用,就觉得该放松一下了——为自己前段时间那么辛苦的工作补偿一下,结果退到了那种好逸恶劳、不求上进的生活中去了。在取得了一个小目标的成功之后,专注的人要向自己的大目标发起冲击,告诉自己还有更加美好的前途在等着自己,使自己重新振作,继续勤奋,永不满足。

(5)**坚持不懈**:任何人都要经过坚持不懈的努力才能有所收获,而收获的成果取决于个人对工作的努力程度。在你获得成功之前,你可能经历无以计数的失败。所以要抱定坚持不懈的决心,不断地鼓足热情和勇气告诉自己"再来一次"。越是困难时期,越要坚持不懈,成功往往就在于比别人多坚持一会儿,困境多是成功和失败的分水岭。执著地坚持自己的目标,竭尽全力、不怕失败,就可以让困难退缩,让挫折变坦途,那么成功也指日可待。

6 脚踏实地,拒绝浮躁

人生有两出悲剧:一是万念俱灰,一是踌躇满志。

——萧伯纳

在前进的路上充满了艰辛也充满了诱惑。许多年轻人常犯的毛病就是不能脚踏实地、老老实实地做好现有的工作,而是心浮气躁,不是嘲笑就是嫉妒,不是懒散就是消极,这对于端正我们的工作态度,改变我们的状态,实现我们的梦想都是非常不利的。

有个自负聪明的学生参加考试。试卷一发下来,他大致浏览了一下,除了试卷上头一行"请先看完所有题目之后,再开始作答"的字样之外,有100道是非题。以他的实力,大约30分钟可答完，他满怀自信地提笔开始答题。

过了两分钟，有人满面笑容地交卷，这个聪明的学生心中暗笑："又是交白卷的家伙。"

又过了 5 分钟，又有七八个人交卷，同样是笑容满面，看来不像是交白卷的模样。这个聪明学生看看自己只答到 20 几道题，连忙加快速度，埋头作答。

待他答到第 76 题时，赫然发现题目写着"本次考卷不需作答，只要签上姓名交卷便得满分，多答一题多扣一分。"

聪明的学生看着试卷第一行的说明："请先看完所有题目之后，再开始作答。"他不禁痛恨起自己的浮躁。

很多人可能觉得浮躁不过是小毛病，无伤大雅，但很多时候我们的职业、我们的成功甚至我们的人生却正是毁在了浮躁上。

踏踏实实是职场人士所必备的素质，也是实现梦想、成就一番事业的关键因素，自以为是、自高自大是脚踏实地工作的最大敌人。你若时时把自己看得高人一等，处处表现得比别人聪明，那么你就会不屑于做别人的工作，不屑于做小事、做基础的事。

因此，每个职场中的人要想实现自己的梦想，就必须调整好自己的心态，以进取之心积极努力的同时，要有实干的心态脚踏实地，这样的勤奋才能让你从中受益。打消投机取巧的念头，从一点一滴的小事做起，在最基础的工作中，不断地提高自己的能力，为开始自己的职业生涯积累雄厚的实力。

有一个无从考据的小故事：张艺谋是乡下人出身，初来北京的时候土得掉渣，总是被城里人瞧不起。在北京电影学院上学的时候，张艺谋蹲在场边看人家踢球。一位人高马大的踢球人瞧着他那土土的样儿就心烦，走过来踢了张艺谋一脚，说："乡巴佬，看什么看？"正当人们等候着看戏，瞧一个被激怒的土人将如何以命相拼或发疯暴怒的时候，但张艺谋缓缓地站起身，拍了拍蹲地的屁股,连看都没看挑衅人一眼,安静地兀自走开了,象是啥也没发生。人高马大者被晾在了一边,望着远去的张的背影,愣了半天,然后说了二个字:“枭雄!”后来,土得掉渣的乡巴佬成了名满天下、可以入史的艺术大师,而那位人高马大的城里人如今安在,不得而知。这是一个无关善恶、无关对错、也无关胜负的故事,它关乎的是处境及其态度选择问题,关乎的是精神气质和生活况味,关乎的是虚荣、浮躁还是踏实。

李嘉诚说:“不脚踏实地的人,是一定要当心的。假如一个年轻人不脚踏实地,我们使用他就会非常小心。你造一座大厦,如果地基打不好,上面再牢固,也是要倒塌的。”职场中的人要记住:只有埋头苦干的人,才能显出真正的聪明,才能成就一番事业。

现在,许多年轻人在得到第一份工作时,都必须从基层做起。许多人有相对较低的底薪,却没有固定的升迁进度表来作依照。许多人就开始变得不耐烦,开始寻找取得更好位置、更高薪水的捷径。其实成功的捷径只有一个,即:踏踏实实,从一点一滴干起。

三伏天,禅院的草地枯黄了一大片。

“快撒些草籽吧!”徒弟说。

“等天凉了,”师傅挥挥手说,“随时。”

中秋,师傅买了一大包草籽,叫徒弟去播种,秋风疾起,草籽飘舞。

“草籽被吹散了!”小和尚喊。

“没关系,吹去者多半中空,落下来也不会发芽,”师傅说,“随性!”

撒完草籽,几只小鸟即来啄食,小和尚又急了!

师傅翻着经书说:“没关系,随遇!”

半夜一场大雨,弟子冲进禅房:“这下完了,草籽被冲走了!”

师傅正在打坐,眼皮都没抬说:“随缘!”

半个多月过去了,光秃秃的禅院长出青苗,一些未播种的院角也泛出绿意,徒弟高兴得直拍手。

师傅站在禅房前,点点头:"随喜!"

沉静的师父是洞察了世间玄机后的随和安然,而徒弟却是心浮气躁,缺少修炼!这位徒弟却正好代表了当前我们这个浮躁社会里的大部分人。

在一种浮躁的社会背景下,想保持心态平衡,无怨无悔,是颇有难度的。渴望成功没有错,对成功不必急于证明,心浮气躁、好高骛远,不是成功的唯一表达方式,也不是最好的表达方式。只有踏实肯干、不为浮名遮望眼的人,才能最终成功,并且一直成功。

浙商鲁冠球从白手起家出发穿越了无数商业风雨,他的私营企业万向公司保持了37年的成长,集团营业收入数以百亿元计。鲁冠球回顾几十年的来路,很有感触地把自己的经营经验总结成九个字:"有目标、沉住气、踏实干。"农民企业家鲁冠球早已不再是农民,而是中国商界极少数配称"经营大师"的实干家之一,但他的感触和经验却依然象泥土一样朴实而且有力度。这真是一个懂经营的人,这真是一个懂中国的人,这真是一个懂得在中国应该怎样经营的人。有这样的态度和懂得,也就难怪乎他能成为中国商界经得起几十年风雨的罕见不倒翁了!"有目标、沉住气、踏实干",应该引为我们做事业的基础性态度。拒绝喧嚷、拒绝浮躁、拒绝摆秀、拒绝浮名、拒绝速成,沉住气,慢慢地蓄深养厚,最终把事业搞辉煌,把自己搞平淡,这才是鲁冠球至高的人生智慧!

美国已逝的总统罗斯福曾说过:成功的平凡人并非天才,他资质平平,但却能把平平的资质发展成为超乎平常的事业。一个富有思想和判断力、具有创造力、踏踏实实、能够刻苦耐劳的人,随处都可以立足,在哪里都有希望。而另外一些只会埋怨机会太少,或怀才不遇的人,是一辈子都不会有出息的。只有懦弱无能者才会一天到晚埋怨没有事做，而那些对自己的力量有把握，自信能获得好位置的人，从来不会到人家面前去诉苦，他们始终晓得，踏实苦干才是唯一的出路。

7 每天多做一点点

一个人的价值，应该看他贡献什么，不应当看他取得什么。

——爱因斯坦

勤奋的人是不在乎多做一点的，但就是多做这一点点，却让勤奋的人得到比别人更多的机会，取得比别人更大的成功。

有两位中国留学生，毕业后同时到微软公司去应聘。公司人事部告诉他们，只缺两名保洁员。由于一时找不到工作，再者能到微软做保洁员就说明还有机会，于是他们都答应了，一个负责第三层，一个负责第四层的办公室保洁。

分到第三层的每天干完本层的清洁任务后就走了，三层通往四层的楼梯只有由四层保洁员干了，每天都是这样。月底他们拿到同样的薪水，三层的保洁员私下里在朋友间嘲笑那位自愿扫楼梯的同事真傻。

两个月过去了，情况如故。在第三个月的月底人事部送来了两份通知，一份送给三层的是辞退通知，另一份送给四层的是升职通知……

每天多做一点点，意味着什么呢？意味着改变自己——一件事情会影响一个人的命运，几件事情会改变一个人的一生。

俞敏洪在北大上学时，每天为宿舍打扫卫生，并且一打扫就是四年。为此，他所居住的宿舍从来没排过卫生值日表。另外，他每天都拎着宿舍的水壶去给同学打水，有的时候他忘了打水，同学就说“俞敏洪怎么还不去打水”。就这样他在辛苦付出的同时，还要忍受同学的责怨……四年的大学生活，就在他每天的打扫中度过……

又过了 10 年，1995 年年底，新东方做到了一定规模，此时的俞敏洪迫切希望寻找合作伙伴。于是他就跑到了美国和加拿大去寻找当时他在北大时候的那些同学，为了诱惑他的同学们回来，俞敏洪还带了一大把美元，每天在美国非常大方地花钱，想让同学们知道在中国也能赚钱。果然，他的同学相继回国，但是同学们给了俞敏洪一个十分意外的理由。他们说：“俞敏洪，我们回去是冲着你过去为我们打了四年水。我们知道，你有这样的一种精神，所以你有饭吃肯定不会给我们粥喝，所以让我们一起回中国，共同干新东方吧。”

明眼人看到这，一定会有这样的共鸣：无论是四层楼的保洁员，还是新东方的俞敏洪，成就了他们的无非是：他们比别人多做了一点！

“每天多做一点点”的价值就体现在这“一点点”上。不要小看这“一点点”，只要做好了若干个“一点点”，成功自然就会水到渠成。比如：记住一个英语单词非常简单，如果每天都能坚持这样去做，一个月就能记住 30 个单词，一年下来，就能记住几百个单词。再比如，每天坚持看书 10 分钟很容易，两天下来就看了 20 分钟，一星期就是 70 分钟。一口吃不成大胖子，冰冻三尺，也不是一日之寒，成功正是由这样一点一点积累而成的。所以，每天多做一点点，每天进步一点，离成功就更近了一点点。

“每天多做一点点”有时是一种勇气，是一种智慧，也是走向成功的一条准则。每天多做一点，也许会占用自己的时间，但是，你的行为会帮助自己养成良好的工作习惯，在实践中学到许多书本上所没有的东西，有时还可以为自己创造意想不到的机会，得到意想不到的回报，为你赢得良好的声誉。

杨小光,一位来自湖北的西顿员工,在不到一年的时间内就提升为车间物料员,负责组装车间的退料工作,也是因为他每天多做一点点的勤奋和奉献。

退料是一件烦琐而又枯燥的工作,每天面对的都是上百种类型的物料,每天还需要把这些物料进行分类:哪些是属于供应商的,哪些是车间报废的,哪些是良品,分好类别后,还需要通知品管进行检验,并贴上标签,在品管检验确认过后,他就根据品管的检验结果再次统计相关数据,并进行电脑打单据,找相关人员确认。面对这些不断重复的工作,杨小光从来都没有抱怨,他依然是默默无闻、踏踏实实地做好每一件事。

由于组装车间对老款产品进行改良返工,每天都有五六卡板、两百余种类型的物料需要分类并退仓,杨小光感觉上班时间不够用,于是他在中午吃完饭后,利用午休的时间到车间分检物料,打单据,在 8 月 18—23 号这一周的时间内,他每天中午都放弃休息时间,并且,他这样做,没有任何人安排,也没有任何人知道,直到 8 月 21 号,组装车间姜部长在休息时间不经意间发现了他的默默付出。

杨小光为何要这样做呢?他用简单地语言告诉了我们原因:那段时间车间都在对老产品进行改良返工,退料较多,如果中午不加班的话,当天的物料根本就没有办法清退完,另外,下午用电脑的人也比较多,很难及时地用打退料单,所以,他就在中午别人都休息的时候来用电脑,这样也方便。

杨小光用自己的行动默默地告诉了我们:比别人多想一点,多做一点,你就可以比别人走的更快更远。因为你每天多做一点点,那么每一天都是一个阶梯,每天多做一点点,每一天都在积累,你也会搭上成功的阶梯,摘取满意的成果,你的人生也会越来越精彩。

哲理 7　为企业节约，其实是为自己谋利

“大河有水小河满，大河无水小河干。”企业就是大河，大河无水，那员工们的小河当然也会枯竭。为企业节约，其实也是在为自己谋利。优秀的员工都有节俭的习惯，视节约为己任，不浪费一丝一毫、一点一滴，为企业节约每一张纸、每一度电、每一滴水……花企业的钱，就像花自己的钱一样“抠”。因为他知道，省下的都是企业的利润，企业的就是自己的。

1 为企业节约，就是为自己谋利

兴家恰如针挑土，败家好似浪淘沙。

——民间俗语

聪明的员工懂得，公司的事就是自己的事，为企业节约，其实就是为自己谋利益。

“大河有水小河满，大河无水小河干”，只有企业有了，自己才会有；如果企业亏损，企业不发展不壮大，个人利益又从何谈起？

利润公式非常简单，即利润＝收入－成本。企业的首要目标就是利润。这个简单的公式，却包含着对工作高度的要求。它依赖每一位员工的节俭意识。这种节俭意识正是把企业当家、把自己当老板的主人翁思想。

一对新婚夫妇第一次到新郎家，在走进院子的时候，新娘看到新郎家有老鼠，她回过头对身后的丈夫扫了一眼，呵呵笑着说：“你们家居然有老鼠！”新郎不语。

第二天，睡梦中的新郎在一阵追打和轻骂声中醒来，他看见新娘手拿一根木棍边追边骂：“臭老鼠，我今天非打死你不可，你居然敢到我们家来偷米！”

新娘对家庭的理解和描述，从“你家”到“我家”仅一字之差，可是却十分形象地反映出了新娘主人翁心态与精神的确立过程。在主人翁精神的从无到有、从弱到强的转变过程当中，起根本作用的是人们对待家庭、企业等组织的心态，强烈的主人翁精神一经树立，人们就会积极、自觉、主动地融入到组织当中，自觉自动地维护组织的利益。

作为现代企业的一员，就要像那个新娘一样，把自己当作公司的主人，想公司的事，救公司的急，与公司同发展、同进步。你是“小我”，公司是“大我”，爱自己的家，为自己的家奉献自己的劳动。不要总认为节约了、奉献了，都是为的企业，要知道企业是老板的、也是你的。

提倡勤俭节约，不仅对老板、对企业有好处，更会惠及员工自身的利益。詹姆士·伯克曾经说过：“没有公司的赢，就没有员工自我价值的实现；没有公司的赢，也就没有员工的发展。但是，如果没有双赢，也就没有企业的长盛不衰。员工的成长是企业发展的动力，公司发展是员工成长的根基，只有共同成长才能够实现双赢。”

没有了企业作为依托，员工就成了无本之木，无源之水，无以为继，难有作为；而同样没有了员工，企业也就成了枯枝的朽木。企业给予员工展现自己实力的舞台，员工的良好表现也会使这个舞台更加夯实，更加广阔。因此，我们应当牢记“先有大家，然后才会有小家”的道理。如果我们不注意节俭，肆意浪费企业的资源，企业也就无从赢利，如果没有公司的赢利也就根本谈不上员工的赢利，因此奉行节俭，就要把“公司先赢，个人后赢”的思想观念刻入我们的脑海，来指导我们的一言一行。因为没有公司的壮大，也就没有员工的发展。如果大家都没有节俭的观念，最终只能是企业倒闭，员工失业的结局。尚德公司就是一个例子。

尚德设计公司有几位才华出众的设计人员，在开始进入设计公司的时候，他们能够齐心协力，以公司的发展为目标，为此，公司的业务一天天在扩大。但是，随着公司的成长，利润的分配出现了问题，几个有才华的人都认为自己为公司创造了高利润，可是，公司给自己的回报却是微乎其微的。于是他们开始不像以前那样认真了，也不再齐心协力，而是各干各的，而且还有的员工在外面接私活干。特别是还有的员工竟然把公司的材料拿到外面去为自己赚钱。这种“损公肥私”的行为不仅造成公司财产的极大浪费，而且在客户间也生了极其恶劣的印象。不久之后，设计公司再也撑不下去了。在经理的一声哀叹声中倒闭了。

这些设计师纷纷寻找自己的客户，想要跳槽，但是他们这种只顾自己个人利益的行为让他们的客户反感："你在那个公司只想着自己的利益，在我们的公司难道就会替我们公司的利益着想吗？"

员工和企业是一个利益共同体，企业的事就是自己的事，为企业努力也就是在为自己努力，为企业节俭就是在为自己节俭，这是每一个员工都应当首先明白的道理。如果每一名员工都能够自觉地为企业奉献能力，为企业节约，为企业创造价值和效益，使企业的效益更好，企业就更有能力给予员工相应的回报和鼓励，使员工也能够得到更大的利益。

2 节约是美德，更是员工的责任

一粥一饭，当思来之不易；半丝半缕，恒念物力维艰。

——朱子治家格言

节俭，是一种操守，一种品行，一种素养，也是一种美德，是中华民族的优良传统。古人明白，只要老百姓辛勤劳动，社会安定，百姓和国家都会随之富足起来。从古至今，有多少勤俭的故事被世人世代传诵。在物质极大丰富的今天，戒奢以俭，不靡费财物，仍是值得我们崇尚的美德。

所谓"一粥一饭当是来之不易；半丝半缕，恒念物力维艰。"不管什么东西，都是辛勤劳动所得，又岂能奢侈浪费？

许多伟大的人都具有节俭的美德，不追求奢华，这不仅没有损害他们的形象，及而因为节俭的美德而受到更多的尊敬。

德国出生的美籍物理学家爱因斯坦成名以后，有一次，比利时国王和王后邀请他到王宫去做客。为了表示诚意和尊重，国王按约定的时间派宫廷小汽车到火车站去接他。火车到站了，乘客们纷纷走出站台,司机到处寻找这位大科学家,他想:如此享誉全球的大人物,一定是一位衣冠楚楚、很有风度的教授。可是,直到旅客们全散尽了,他也没有找到心目中那个伟大的影子。无奈,司机只好空车而回。他对国王说:“教授今天没来。”国王和王后非常疑惑。半个小时后,爱因斯坦步行来到了王宫。只见他穿着满是灰尘的破雨衣,脚上是一双旧皮鞋。大家谁也没想到,这就是声名赫赫的爱因斯坦。

与爱因斯坦一样,俄国伟大学者罗蒙诺索夫成名后,衣着十分简朴。一次,一个专爱讲究衣着、不学无术的人看到罗蒙诺索夫衣袖的肘部有个破洞,便挖苦地说:“从这儿可以看到你的博学吗?”罗蒙诺索夫巧妙地回答:“一点也不!先生,从这里可以看到愚蠢。”

还有德国伟大的哲学家,被人夸为才华横溢、知识渊博的黑格尔结婚时,用采撷来的各色野花点缀新房,他的婚礼反而办得又高雅又节俭。

法国总统戴高乐生前立下遗嘱:“不要富丽堂皇,只要去科隆贝(他的出生地)的小墓地,举行一个节俭朴素的、不惊动人的仪式。”1970 年 11 月 9 日,这位拯救了法兰西的英雄去世了,后人按照他的遗嘱,买了价值仅为 72 美元的橡木棺材将他安葬。他的灵柩由村子里的一个乳酪制造工人、一个农民、一个屠宰工人与助手抬着,送到村里的墓地。他的墓碑上写着“夏尔·戴高乐,1890～1970 年”。葬礼一点也没有对他生前的丰功伟绩进行宣扬,一点也没有与他的伟大业绩相应的豪华排场。

再看看一代富豪洛克菲勒,尽管他拥有数之不尽的钱财,但这并不影响他一贯信奉的节俭生活态度。

当洛克菲勒搬到纽约来时,他已经非常富有,却仍然保持着简朴的生活方式。他和妻子塞迪在一条僻静的大街上购置了一所四层褐砂石的宅子。那栋房子上爬满了常青藤，两侧是草坪，尽管房子宽敞、舒适，但对于像洛克菲勒这样的巨富而言，却显得过于简朴，因而也巧妙地掩饰了他家的真实情况。一次，塞迪提出要一辆新的四轮马车。约翰吃惊地瞪着她说，除非把旧的卖掉，否则他几乎无法支付买新车的费用。

当时的社会，富豪大贾们个个都是脑满肠肥并以此为荣，洛克菲勒却瘦得像条猎狗；当时爱炫耀自己的财主们人人把戴大礼帽、挂表链奉为时尚，洛克菲勒平日的服饰却和常人相差无几，尽管家里人经常提醒他去买身新衣服，因为他身上的那套已经磨得发亮了。

另外，洛克菲勒从来没有让纽约的灯红酒绿搞得晕头转向过，他排斥那些豪华宴会和化装舞会以及频频光顾戏院、夜总会的上层人物，你很难想象洛克菲勒会去同那些叼着雪茄、大腹便便的先生们和身穿华贵皮衣、珠光宝气的女士们周旋。当报界想要对这位财阀作些报道时，甚至注意到洛克菲勒基本不参加各种社交活动。

这就是洛克菲勒，年少时贫苦自当节衣缩食，富可敌国时依然节俭成性。

节俭是人生的一大美德，节俭也是受益一生的良好生活习性。有很多像洛克菲勒一样的成功者，正是由于节俭，才能使他们更加慷慨大方地面对社会，面对他人。看看诸多富起来的企业家，他们不把金钱作为自己崇拜的偶像，而只是把它当作造福社会的有用之物。他们在创造物质财富的同时，不忘创造精神财富，这是一种美德，也是一种智慧。

对于员工而言，节俭不仅是美德，更是一种责任。为企业节约每一分钱就是每一个员工的责任，就是每一位员工必须承受的义务和必须担负的职责。因为企业也是每一位员工的，每一位员工也都有责任和义务为企业作贡献，有责任为企业的壮大出力、当然也有责任为企业节约每一分钱。这样的员工,才是企业最需要的员工。

有三个人去一家公司应聘采购主管。他们当中一人是某知名管理学院毕业的,一名毕业于某商学院,而第三名则是一家民办高校的毕业生。在很多人看来,这场应聘的结果是很容易判断的,然而事情却恰巧相反——应聘者经过一番测试后,留下的却是那个民办高校的毕业生。

在整个应聘过程中,他们经过一番测试后,在专业知识与经验上各有千秋,难分伯仲,随后,招聘公司总经理亲自面试,他提出了这样一道问题,题目为:假定公司派你到某工厂采购 4999 个信封,你需要从公司带去多少钱?

几分钟后,应试者都交了答卷。第一名应聘者的答案是 430 元。

总经理问:"你是怎么计算的?"

"就当采购 5000 个信封计算,可能要 400 元,其他杂费就 30 元吧!"作答者对应如流,但总经理却未置可否。

第二名应聘者的答案是 450 元。对此,应聘者解释道:"假设 5000 个信封,大概需要 400 元左右,再加上其他各项花费,大概不会超过 50 元,一共有 450 元就足够了。"总经理对此答案同样也没有表态。

当总经理拿起第三个人的答卷,见上面写着 418.42 元时,不觉有些惊异,立即问道:"你能解释一下你的答案吗?"

"当然可以。"这位民办高校的毕业生自信地回答,"信封每个 8 分钱,4999 个是 399.92 元。从公司到某工厂,乘汽车来回票价 10 元。午餐费 5 元。从工厂到汽车站有一里半路,请一辆三轮车搬信封,需用 3.5 元。因此,最后总费用为 418.42 元。"总经理不觉露出了会心的一笑,最终录用了第三个人。

一个不负责任、没有责任心的员工只会给企业带来损失,这样的员工,还不如趁早让他离开为上。

有一家经营日化用品的企业,因为厂房所处的地势较低,该企业每年夏天都要经历一至两次的抗洪抢险。有一年夏天,总经理要去深圳出差,出差前叮嘱几位主要负责人:“一定要时刻注意天气变化。”

远在深圳的总经理在一天晚上看到天气预报说有雨,非常担心厂房被淹,便给几位负责人打电话。实际上,厂房所在地当时已经开始下雨,也许因为天气的原因,总经理接连打了几个电话,都没有打通,最后只好打到财务经理的家中,让他马上去公司查看一下。

财务经理在电话中说:“嗯,我马上处理,请放心!”但接完电话的他并未去公司查看,心说:这事该安全部管,不该我这个财务经理去处理,再说了我家离公司路那么远,去一趟也费事。于是,他给安全部经理打了一个电话,提醒他到公司去看看。

接到电话的安全部经理有些不悦,心想:“我安全部的事情,不用你来管。”他同样未到公司查看,当时正在打麻将的他连电话都没打一个,心想:“反正有安全科长在,我不用管这件事了。”

虽说安全科长未接到电话,但他也清楚已经下雨,并且知道下雨意味着什么,可他认为厂里有好几个保安,不用他操心。安全科长当时正在与朋友一起喝酒,甚至还关闭了手机。

那几个保安确实是在厂里,然而,用于防洪抽水的几台抽水机没有柴油了,他们给安全科长打电话,安全科长的电话关机,他们也就没有再打,也未采取别的办法,而是早早地休息去了。值班的那一位保安住在值班室里,睡得最沉,他以为雨不会下得太大。

然而,雨在夜里两点左右时突然大起来,雷声将值班保安吵醒的时候,水已到床边!他马上打电话给消防队。

尽管消防队来得很快，可是因为通知时间太晚，雨水已经淹没了 7 个车间中的 5 个，数十吨成品、半成品与原辅材料在水中浸泡着，造成的直接经济损失高达 300 多万元！

为企节约、减少企业的浪费，是每一个员工的责任。你在企业工作，你有一个岗位，你就应当为你的工作负责，为你的岗位负责，把你岗位工作做好，不浪费一分钱，不损失一滴水才行，因为这就是你的责任。因而，每一个员工最紧要的，就是要时时都将责任放在心上，负起自己的职责，这样才能为企业减少损失，真正为企业节省！

节俭并不难，相对于科研攻关而言，节俭其实是一件简单容易不过的的事情，谁都可以立刻实行，在什么地方都可以马上开始。关键看你是不是把节俭当成了自己的责任，而且是不是真正负起了这个责任。

3　节俭要从我做起，从现在做起

要我马上拿出一个亿，我面不改色；但谁在地上丢一分钱，我会立即捡起来。

——李嘉诚

节俭是每一个员工的责任，因而每一个员工都要树立“从我做起，从现在做起，时时节俭”的观念，切切实实把节俭落实到位。公司是大家的，只有大家节俭，才能形成合力，才能为企业带来竞争优势。因此，节俭需要上至公司老板，下至基层员工的共同参与。优秀的员工有着节俭的自觉和自愿，他们不推不躲，当仁不让地负起了为企业节俭的重任，从自己做起，从现在开始，为企业节约每一分钱。

只有树立“从我做起”的观念，员工才能将节俭当作自己的事，才能把为企业节省成本切实地落实到了自己工作的每一个环节中。而一旦员工懂得自动自发地为公司节省每一分钱，那么，企业的赢利与发展就不成问题了。

凡是实施成本领先战略成功的大企业，无不与管理高层身体力行的大力提倡、全员参与和落实节俭有关。运用低成本战略最为出色的当属沃尔玛，沃尔玛的节俭造就了沃尔玛的成功，而沃尔玛的节俭与沃尔玛的创始人萨姆·沃尔顿有着不可分割的关系。

为了压低成本，沃尔顿和公司管理员在出差时 8 个人睡一间房。就算成了全美首富之后，沃尔顿照样驾驶一辆破车，出差乘经济舱，只在廉价的家庭饭馆就餐，他还常常亲自驾驶货车把商品送往连锁店。沃尔顿没有买过一艘豪华游艇，更没有买下一座专供自己度假的小岛。反之，每当他看见其他公司的高级雇员出入豪华饭店，毫无顾忌地挥霍公司钱财时总是感到不安，他认为奢侈只会导致公司的衰败。因此，勤俭节约一直是沃尔顿最推行的企业文化，即使在他死后 10 年，这种勤俭的风格仍根植于沃尔玛公司的企业文化之中。

现在沃尔玛公司的市值已经高达 2520 亿美元，该公司的一批高级经营管理者早已是百万富翁，可是在简朴的公司总部丝毫看不出任何富得冒油和趾高气扬的迹象。掌管上千亿资产的沃尔玛总裁李·斯科特，今天仍保持着节俭的传统，座车仅仅是普通商务车。沃尔玛高层的办公室不见浪费豪华的痕迹，全都克俭克勤，甚至自倒垃圾，自付咖啡钱，就连开会用剩的铅笔也必须带回办公室继续使用而不能浪费。节俭在沃尔玛已经上行下效，蔚然成风。

老沃尔玛的节俭习惯，培育了一个世界级的大企业，不但是沃尔玛，世界上很多企业无不是上至公司老板下至基层员工，同心同德，一起节俭，才发展得非常快。诸如宜家、百安居，等等。

宜家的创始人坎普拉德也是一位可以和沃尔顿相提并论的节俭模范，甚至比之老沃尔玛有过之而无不及。每花一分钱都要仔细算计。他很少有时髦的服饰、昂贵的手表，也没有豪华的轿车。他有一个最出名的举动，就是驾一辆老旧“富豪”车，在下午价格比较便宜时去市场购买蔬菜水果。也是在他的带动下，宜家员工出差时总是乘坐经济舱，平日坐的则是公共汽车，而不是出租车。有一次举办生日聚会，坎普拉德犹犹豫豫，不知道是否该买些酒。因为他算计着可能大部分客人会带酒来的。

不论多么庞大的财富都是一分一分积攒下来的，不论多么庞大的财富帝国都需要节俭的精神才能基业常青，不论多么庞大的企业也需要每一位员工的勤劳节俭才能不断发展壮大。所以，作为员工，一定要有节约的观念，并且要身体力行，把节俭的理念灌输到日常的工作之中，从我做起，从现在做起，为企业的壮大尽自己的一分来。

从我做起，从小事做起，从自身岗位做起，把握工作和生活中的每一个环节，从每一件小事每一处细节中找到勤俭节约的每一条途径。

(1)下班时首先关闭室内照明灯、电脑、打印机、复印机、电热水壶，并彻底切断电源，白天办公尽量使用自然光线；

(2)上卫生间和使用自来水时一定做到关紧水龙头，不要让自来水长时间流淌；

(3)打印文件时采用双面打印，能够口头传达的事务，绝不形成文件，尽可能做到无纸化办公；

(4)提倡多使用钢笔书写，减少使用一次水笔的次数；

(5)在办公室没有招待时，尽量减少使用一次性纸杯的次数；

(6)出外办事尽量结伴坐车，减少重复使用车辆，降低公司车辆的耗油量。

……

只有“从我做起”的观念在心中深深地扎下了根，才会自动自发地为公司节约成本。

其实在我们日常工作中还有许多方面缺少节约的意识，在你我使用电灯、电话的时候，我们要养成人走灯灭、长话短说；在你我使用复印机、打印机、公文纸的时候，我们应该做到节约每一张纸，等等。节约是需要从思想上开始树立意识,行为上付诸实际,要长期坚持,形成习惯。“勿以俭小而不为,勿以奢小而为之”,勤俭节约,要从我做起,从点滴做起,点点滴滴之中才能树立起节约意识!

古语说得好,“涓涓细流,汇成海洋”、“聚沙成塔,集腋成裘”。假如说,企业效益是条大河,那么员工创造的利润就是这条河里的一滴水,一个人省一滴水,无数滴水汇聚起来,便是汹涌澎湃的浪涛,便会有波澜壮阔的大海!所有的员工都厉行节约,这里节省一点,那里节省一点,加起来就会成为惊人的数字。一个人的力量有限,但无数个有限组合起来,便是无限,便会有无坚不摧的力量。因此,节约成本,要从现在做起,从自己做起。

4 花企业的钱像花自己的钱一样“抠”

节约一分钱,等于赚回一分钱。

——英国谚语

思科公司董事长约翰·摩格里奇所说:“花思科的钱就像花自己的钱一样!”这句话已经被众多的企业奉为花钱的准则和员工的纪律。

思科公司成立于1984年12月,企业从诞生之日起就在不断提倡节俭理念,并将这种理念塑造成思科的企业文化。思科的节约到了近乎“抠门”的程度。公司董事长约翰·摩格里奇所说的“花思科的钱,要像花自己的钱”这句格言,正体现了这种理念。

如果你去思科总部的话,你会发现在其中一间办公室里,挂着一幅从报纸上剪下的漫画。漫画的内容是一个站在下面的人对一个被吊在天花板上的人大发雷霆地训话。

第一幅画是,下边的人张大嘴巴问上面的人:“不是已经定好出差伙食费控制在 10 美元之内的吗？为何会超标？”

第二幅画是，下边的人还在对上面的人发怒：“早就和你说了，开车时顺手捎带一只鸽子，到旅馆后用电熨斗把毛烫掉吃下去，省点儿钱。”

第三幅画是，被吊在上边的人小声地嘟囔道：“我确实照办了，但电熨斗烫毛的速度太慢。”站在下边的人大喊：“为何不把它调到最大档呢？”

漫画旁边还附有解释说，这名被吊者代表的是思科员工，那名愤怒者自然就象征着思科的总裁约翰·摩格里奇了。思科近乎“抠门”的节俭理念，在这幅小小的漫画中表露无遗。

为企业节约每一分钱是企业对员工的基本要求，也是员工的责任。不知道为企业节俭的员工就是不称职的员工，这样的员工迟早会给企业带来巨大浪费。

国内一家大型企业的财务经理，曾讲述过这样一件事。

为了方便员工和财务部的工作，这家企业的所有报销单都采用自动复写的特殊纸张，每张报销单 A4 大小，成本为 1.8 元人民币。财务部门再三强调请员工注意节约使用这种报销单，但是没人在意，仍是随意填写，填错了就扔掉，重新取一张再填。

为此，财务部曾做过一个统计，他们收回的报销单仅是拿出去的 1/3，也就是说，平均每位员工填写一张正确的报销单就浪费了两张。每位员工平均一个月报销两次左右，照这样计算，每位员工在这方面的浪费每年就达 100 元之多。也许单看一名员工还觉得不是很高，可是若按 1000 或 1 万多名员工来计算的话，公司每年在填写报销单上就浪费了 10 万元或百万元之巨！

企业也曾想过把报销单改为领用制，可是这样又很不方便员工的工作，假如企业员工跑几层楼就为了领张报销单，一旦填错了又要跑几层楼再领一张，这样的管理也的确太不人性化了。

这位财务经理十分痛心地表示，报销单是基本上可以算出来浪费的数目的，但许多其他方面的费用，比如纸、笔、记事本等就很难精确计算了，这样的浪费实在惊人。

可见，每一个员工浪费一点和每一个员工节约一点，其结果都将是非常惊人的。只有每一个员工都养成节俭的习惯，花企业的钱像花自己的钱一样“抠”，把企业的事当作自己的事情一样来做，产生出来的惊人的能量将促进企业持续发展壮大，就像思科一样，像沃尔玛一样，像富通公司一样。

全国知名的民营光纤制造企业杭州富通集团有限公司可谓财大气粗，但富通的员工们却个个都是“抠门”高手，每一分钱都掂量再三花得值才花。

在富通，夏天中央空调的温度是摄氏 27 度；每天早上员工都自觉把中央空调开启时间延迟半小时，下班前提前半小时关闭，可别小看这样一点小举动，一年可节电 4 万度；富通员工到食堂就餐要么自带餐具，要么使用食堂统一配备的不锈钢碗筷，没有一个员工使用一次性餐具；与节电相比，富通集团节水的效果更为神奇。富通的电缆生产需要用水进行冷却，以往冷却后的水都是直接排放掉的，但后来员工们发现这样太浪费了，员工们开发设计了一套循环用水设备，一个池子分成两半，一边是清水，经过水泵输送到生产车间；另一半池子中是冷却电缆后温度升高到 70 摄氏度左右的水，这些水经冷却处理，重新注入另一边的清水池中，这样不断地循环使用，除了循环过程中少量的损耗，月初留在水池里的那些水几乎维持了全月的生产之需，一个月几乎可以节水 2700 多吨。

“对于富通这样年产值几十亿元的企业，多用几千吨水、几万千瓦时电，增加的开支并不大，我们也不是花不起这个钱。”总裁王建沂说，“但这样做，我们不仅节约了宝贵的资源，也培养了企业员工的社会责任。在节约这个环节上，我们越‘抠门’越好。”“抠门”成了富通企业文化的重要内容，富通对员工的奖励

是越“抠门”节俭的员工越受到表彰，并号召“抠门”，倡导“抠门”，奖励“抠门”，因为抠门抠出来的是利润，是效益，是实打实的真金白银。

企业的钱就是自己的钱，花企业的钱就要像花自己的钱一样抠一样仔细，企业的每一分钱才不会白花，成本才会降到最低，企业才会越来越强大。利润越抠越有，企业越抠越强，作为企业的一员，你有什么理由不为企业抠呢？省一分就是赚一分，抠一分就能多一分，精打细算就能集腋成裘，斤斤计较就能积少成多，每一个人都抠，每一个人都积、都攒，企业何愁不兴财富何愁不旺！

5　节俭办公，毫厘必争

谁在平时节衣缩食，在穷困时就容易渡过难关；谁在富足时豪华奢侈，在穷困时就会死于饥寒。

——萨迪

从身边的小事做起，尽可能减少一切不必要的成本支出，是一个企业的成功之本。

节俭办公，从宏观角度来讲，包含了非常丰富的内容，比如严谨的规章制度、与时俱进的全新观念、重大的科技成果、工艺技术的改进、高度的主人翁责任感、爱岗敬业的事业心，等等。可以说，这些因素都有利于公司在经营管理上的节俭，也是能够帮助公司持续健康发展的重要因素。

节俭办公，从微观角度来讲，包含更为详细的实施内容，比如养成良好的工作习惯；从身边的小事做起，事事精打细算；杜绝任何不必要的浪费，哪怕是一滴水、一度电、一张纸或一个纸杯。作为企业员工，就要有这种毫厘必争的节约精神，才能为企业节约下成本，也让自己这种美德闪光，成为企业青睐老板器重的员工。

张涛和夏雨一同在公司应聘销售助理。一路过关斩将,终于进入了复试阶段,只要复试通过,他们就可以进入丰田公司工作了。

复试前,销售经理先交给张涛一项任务,让他帮忙去一家指定的商场买一打铅笔。公司到商场的距离大约有一站的路程,销售经理建议张涛乘公交车去。然后自己买车票,回来报账。

过了一会儿,销售经理好像忘记了一件事,又吩咐夏雨去同一家商场买一瓶墨水回来。

不久,两个人便先后都回来了。

在到销售经理面前报账时,销售经理发现,张涛除了买铅笔的钱外,来回坐车的钱是2元。而夏雨除了买墨水的钱,来回坐车的钱却是4元。

原来,当时正值夏季,天气非常炎热,张涛坐的是普通公交车,所以票价来回都只是1元。而夏雨却因天气炎热,坐的是空调公交车,上车就要2元。所以,夏雨的车票钱和张涛的车票钱是不一样的。

很自然,张涛被公司录取了。销售经理是这样对他们说的:“公司希望员工都具有成本意识,因为我们觉得,一个懂得为公司节约的人,将来才有可能为公司赚钱。”

企业是以获取利润为已任的组织,理所当然,企业欣赏的、欢迎的、信任的、重用的也依然是那些能为企业带来利润的员工,为企业节省成本,减少开支就是在为企业创造利润。张涛的机会也就顺理成章了。

就企业管理而言,很多细节小事上的浪费也许并不会给公司的收益带来很大的影响,可是若忽略掉那些小数字与细节问题,所有人都不把那些小浪费当回事,到最后累计起来就会是一个惊人的数目,就会为公司带来巨大的损失;反之,如果所有人都能够重视细节,在小事情上也不浪费,养成处处节约资源,一切为减少成本着想,坚决杜绝任何浪费行为的好习惯,相对公司而言,就是一笔非常巨大的财富。

所以，不要认为办公费用很少，节不节约没有关系，就算是一张纸一支笔，节约起来也是非常可观的，关键是要有节俭的意识，要养成毫厘必争的节约办公习惯。能够时时想到为公司降低成本，提醒自己减少浪费，在工作中，养成为公司节省每一分钱、每一张纸、每一度电、每一滴水的好习惯，将节俭办公的理念落实到每天的具体工作中，从自我做起，从点滴开始，为公司的飞速发展和快速壮大贡献出自己的所有力量。

6　花最少的钱，办最多的事

精打细算，有吃有穿；大吃大喝，当屋卖锅。

——民间俗语

少花钱多办事是大家都期盼的办事结果，也应当是优秀员工的共同准则，当然这也是所有老板对员工的一致要求，是所有的老板们都欣赏的员工品质。

任何一名员工只要能够在工作中处处为企业着想，花公司的钱就像花自己的钱一样节俭，总是能够积极地开动大脑，花最少的钱办最多的事情，那么，他总有一天会受到公司的重用。

李明和汪剑是同一家广告公司的普通职员，他们同时进入这家公司，做同样的工作，拿同样的薪水。然而短短半年后这种情况就发生了变化，汪剑受到老板的青睐一再被提升，从领班直到部门经理；李明却像被人遗忘了一般，还是一个最普通的职员。

终于有一天，李明不堪忍受这样的不公平待遇，便直接向老板提了出来：为什么同样是兢兢业业地去工作，待遇却完全不同？

老板早就看出了李明的委屈，笑了笑没有说话，而是安排两天时间让他们俩去期刊市场做一个调查，看眼下的女性期刊究竟有多少品种上市了。

李明以最快的速度统计了此类期刊的数量，然后向老板报告说目前上市的女性期刊有62种。老板接着问各是哪家杂志社出版的，这些期刊各有什么特点？定价多少？有几家期刊可以做公司的广告？广告费用花多少最合适？广告效益最好的有哪几种刊物？而广告价格最恰当的是哪几本？这下李明傻眼了，他可什么是他的也没问。出到底浪费了多少，倘若以这个比例来计算，其结果无疑更令人吃惊。

而汪剑则完全不同，他不仅详细了解了几本重要的女性刊物的特色、传播人群，广告价位，还做了一张细致的比较表，如果要从这些女性刊物中选择一种作为他们投放广告的目标的话，这张表可是最重要也是最有说服力的参考资料了。毫无疑问：汪剑的工作做得更出色。

接着老板又算了一笔帐，汪剑花了两天的时间，却完成了所有的工作，不用再多派人手更不用再耗费物力去做，可他调查了，是花最少的钱办成事情。而如果按李明的做法的话，还要投入更多的时间，更多的人力和物力才行。这果然达不到少花钱多办事的效果。"现在你明白你们俩为什么都兢兢业业工作，结果却大不一样了吧？没有节俭意识，不懂得少花钱多办事可不行。"老板最后道。李明惭愧地低下了头。

因此，不管是企业的管理层还是一名普通职员，都应马上培养自己勤俭节约的意识，并时刻提醒自己，把企业当成自己的家一样。当你具备这样的意识后，你将会慢慢从中获得回报，相信你的领导对你也会像对待自己的家人一样，信任你并且重用你；反之，假如你缺乏这种意识，那么你就不会得到领导的信任。

如果每一个员工都大手大脚，没有节俭的意识，没有少花钱多办事的理念，那么再庞大的企业也最终会被这种浪费拖跨，三株集团就是一个很好的实例。

三株企业仅用了短短3年的时间，年销售额就达到80亿元，比刚开始时提高了 64 倍，构筑了一个无比辉煌的保健品帝国，销售网络遍布全国，而且触角直达全国各地村镇。三株总裁吴炳新曾骄傲地说："中国第一大网络是邮政网，第二大网络就是三株网。"但没过几年，这个号称拥有 15 万员工的辉煌帝国就轰然倒塌了，引来一阵叹息。

三株的失败，原因有很多，但员工缺乏节俭意识是其中很重要的一个原因。三株的浪费问题非常严重，比如，有些分公司 70％的广告费都被浪费掉了；有些分公司一年的电话费就高达 39 万元，招待费将近 50 万元。从上到下，都形成了一种大手大脚的作风，根本没有节俭的意识，员工更没有意识到为企业节省的意义，完全没有把企业的事当成自己的事来做，所以也从来没想过要花最少的钱办最多的事，相反，却习惯了花最多的钱办一件无关紧要的事。从这个意义上而言，三株的倒闭其实也是必然的。

企业有各种各样的事，大事、小事、重要事、紧急事，每一件事都是要花钱的，有时候花钱的多少与取得的结果并不成正比，花钱少并不是结果就不好。因而员工一定要有节约的意识，要时时刻刻想着花小钱办大事，花最少的钱办最多的事，才能真正把企业的事情办好，办出色，办出效率。

7　以最低成本获得最大利润

生产好比摇钱树，节约好比聚宝盒。

——民间谚语

在很多人的眼中，日本企业的形象总是和"精明"、"小气"、"斤斤计较"、"小家子气"等形容词联系在一起。然而，人们在对日本企业的"抠门"颇有微词的同时，也不得不承认日本企业所具备的强大竞争力。为什么日本企业具有强大的竞争力？其秘密却正是在于他们的"抠门"和"小气”,在于他们坚持成本战略,懂得节俭,善于省钱。

日本京都制陶是松下电子的供货商,以松下的大量订单为发展依托。为了强化员工的成本意识,该企业独创了一种叫“变形虫”式的成本管理模式,广为业界称颂。

京都制陶的最高决策者稻盛和夫曾向松下电子提出,京都制陶只拿5%的利润,他认为这足以应对松下的降价要求。但日本商界有句话说得好:“松下电子会把你尾巴上的毛拔光。”稻盛和夫的要求遭到了松下电子的拒绝,其实就是按成本价达成交易,松下电子也不会接受,因为松下电子总是在寻找更廉价的替代产品,何况京都制陶还要拿5%的利润呢。

遭拒后的稻盛和夫明白了,一切的一切,归结起来只有两件事:一是市场价格,二是降低成本。只要其他公司的原料价格比自己少两块钱,就说明自己做得还不够好。他提出“要以最低的成本获得最大的利润,不满足于“拿到10%的利润就不错了,拿到15%就可以了”。

为了强化员工的成本意识,稻盛和夫创造了“变形虫”式的成本管理模式,这形成了京都制陶的一大特色。在组织机构上,京都制陶也有事业部、事业本部等部、课、系、班等,但却由名为“变形虫”的最小组织单位构成。变形虫小组是其独立的核算单位,京都制陶的13000名员工分别从属于1000个变形虫小组,每个变形虫小组平均由13个人组成。由于工种不同,小组成员从2人到50人不等。

京都制陶的这一创举是成功的,“变形虫”式的成本管理模式从员工的组合上做文章,终于达到了稻盛和夫“以最低的成本获得最大的利润”的目的,也让京都制陶的竞争力大大加强。

在当前市场竞争更是前所未有的激烈,企业要想在激烈的竞争中立于不败,唯一的途径就是降低成本,节省成本,以低成本战略获得利润。

彩虹集团是国务院国有资产监督管理委员会管理的189家

国有骨干企业之一,是中国第一只彩色显像管的诞生地,也是中国生产量最大、配套能力最强的彩色显像管生产企业。据资料显示,在中国拥有彩电的家庭中,有 1/4 的用户使用的是“彩虹”牌彩管。

2001 年,面对彩电彩管市场的严峻形势,彩虹集团发动全体员工开展了“抓质量,降成本;反浪费,求节约”的活动,以挖掘内部潜力,提高管理水平,降低企业成本。

彩虹集团下属各单位积极响应总公司的号召,全面实施成本控制计划,要求所有员工都要养成勤俭节约的习惯,把成本控制工作落实到各个环节之中,以不断提高企业利润。

结果,彩虹集团仅在 2001 年,就节省了 1 亿多元人民币,占全年实现利润的近 1/2;2002 年通过开展全员参与的成本管理活动,采购成本同比降低 8.8%,计 1.14 亿元,生产成本同比降低 17.58%,计 1.78 亿元,取得了很好的成效。

另外,彩虹集团还举办挖潜增效成果展,79 项成果参展,6400 人参观,大力宣传了各单位、各方面的好经验、好方法,启发了员工的思路,鼓舞了士气。在连续两年开展的“智慧献彩虹”合理化建议活动中,共提出建议 4 万多条,已采纳 3 万多条,为企业提高产品质量、降低成本、提高管理水平发挥了巨大作用。“一切只为了做到成本最低”,成为了所有彩虹员工的工作准则。

树立节约意识,对企业而言是一种良好的风气,对企业与员工也有好处。如果你想成为一名卓越员工,那么就一定要以勤俭节约为荣,杜绝一切浪费行为,全力为企业降本增效出谋划策。这些看似微小的事,其实都能表现出你对企业、对自己的一种负责的态度。优秀的员工都会加强自己的节俭意识,并将其转化成自己的自觉行动,把节俭精神当成是企业文化的一部分大力弘扬。

8 减少浪费,第一次就把事情做对

节约光荣,浪费可耻。

——毛泽东

对于节俭来说,最有效的方法莫过于第一次就把事情做对。常言道,一鼓作气,再而衰,三而竭。做事情也是这样,如果第一次就做对的话,工作就会显得轻松而顺利,而一旦要返工的话,事情就变得繁琐起来,而如果在返工之后仍然没有达到预期目的的话,那么事情已经变得难以理出头绪来了。

一家广告公司的经理在为客户制作新产品广告时,不小心将客户联系电话的一个数弄错了。由于时间紧,第二天就要召开产品发布会,客户当时也没有细审就匆忙接收了。直到发布会结束后,在整理剩下的广告时,才发现关键的联系电话有错误,而此时已发放了5000多份。

客户一怒之下,向广告公司要求巨额赔偿。由于错在自己,再加上发布会的费用巨大,无奈之下,广告公司只好按照客户要求进行了赔偿。然而,事情并没有就此结束。这件事传开后,广告公司便在客户中失去了信誉,渐渐没有生意可做了,因为没有人再敢把自己的业务交给他们去做,害怕再出差错给自己带来麻烦和造成损失。

就这样一个看似小小的失误,就把一家本来极有前途的广告公司击垮了。

试想一下,假如广告公司的员工在工作时能细心点,能一次就把事情做对,那么,悲剧是完全可以避免的。

我们平时最经常说到或听到的一句话是:“我很忙。”是的,在上面的案例中，那位广告经理忙了大半天才把错误的问题料理清楚，耽误的其他工作不得不靠加班来弥补。

平时，在“忙”得心力交瘁的时候，我们是否考虑过这种“忙”的必要性和有效性呢？假如在审核样稿的时候那位广告经理稍微认真一点，还会这么忙乱吗？“第一次就把事情做对”，就是要杜绝这种因忙出乱、因小失大的情况。

第一次没做对，不仅浪费了没做好事情的时间，返工的浪费最冤枉。第二次把事情做对既不快，也不便宜。第一次就做对是最节俭、最便宜的做事之道！

每一个员工的目标都应是“第一次就把事情完全做对”，至于如何才能做到在第一次就把事情做对，“零缺陷”创始人、“第一次就把事情做对”的提出者克劳士比先生也给了我们正确的答案。这就是首先要知道什么是“对”，如何做才能达到“对”这个标准。

克劳士比很赞赏这样一个故事：

一次工程施工中，师傅们正在紧张地工作着。这时一位师傅手头需要一把扳手。他叫身边的小徒弟：“去，拿一把扳手。”小徒弟飞奔而去。他等了等，过了许久，小徒弟才气喘吁吁地跑回来，拿回一把巨大的扳手说：“扳手拿来了，真是不好找！”

可师傅发现这并不是他需要的扳手。他生气地说：“谁让你拿这么大的扳手呀？”小徒弟没有说话，但是显得很委屈。这时师傅才发现，自己叫徒弟拿扳手的时候，并没有告诉徒弟自己需要多大的扳手，也没有告诉徒弟到哪里去找这样的扳手。自己以为徒弟应该知道这些，可实际上徒弟并不知道。师傅明白了：发生问题的根源在自己，因为他并没有明确告诉徒弟做这项事情的具体要求和途径。

第二次，师傅明确地告诉徒弟，到某间库房的某个位置，拿一个多大尺码的扳手。这回，没过多久，小徒弟就拿着他想要的扳手回来了。

克劳士比讲这个故事的目的在于告诉人们，要想把事情做对，就要知道什么是对的，如何去做才是对的。因为只有做对了，才不会返工，才不会浪费，也就是值，第一次就把事情做对其实是最大的节俭。第一次就把事情做对，既节省了时间、金钱、人力、物力，也省却了返工耽误的更多的损失。

第一次就把事情完全做对，其实就是要把问题一次性解决，而不是把问题从系统的一个部分推移到另一部分，或者只是完成一个大问题里面的一小部分。

从前有一位地毯商人，看到最美丽的地毯中央隆起了一块，便把它弄平了。但是在不远处，地毯又隆起了一块，他再把隆起的地方弄平。不一会儿在一个新地方又再次隆起了一块，如此一而再、再而三地，他试图弄平地毯；直到最后他拉起地毯的一角，看到一条蛇溜出去为止。

如果你不把问题一次性解决好，问题它不会自己消失，它就像地毯底下的蛇，如果不把地毯拉起来，你把这块地方弄平，另一块地方又会隆起。比如，工厂的某台机器坏了，负责维修的师傅只是做一下最简单的检查，只要机器能正常运转了，他们就停止对机器做一次彻底清查，只有当机器完全不能运转了，才会引起人们的警觉，这种只满足于小修小补的态度如果不转变，不仅效率得不到提高，还会给公司和个人带来巨大的损失。许多人有一种把工作做了一会儿，或是只完成工作的某部分，就把工作停止放在一边的习惯。而且他们充分相信，他们似乎已经完成了什么。但是事情并不是他们想象的那样。这样做，犹如足球运动员在临门一脚的刹那收回了脚，前功尽弃，白白浪费力气。有些时候，它甚至会耽搁人们发现错误与危险，导致危害的大规模爆发。

所以，要节俭，就要一次就把事情做对，一次就把问题彻底解决。

哲理8　比竞争更重要的是合作

这是一个竞争的时代，更是一个合作的时代。尺有所短，寸有所长，合作比竞争更重要。因为一个人的力量再大，也不可能全能，而一个互助合作的团队却可以做到。优秀的员工一定要学会与同事取长补短、真诚合作、同担风雨、共享成功。

1 没有全能的个人，只有完美的团队

企业成功靠的是团队而不是个人。

——德鲁克

世界著名管理大师德鲁克说："企业成功靠的是团队而不是个人。"这句话说到了现代企业致胜的关键。

在现代经济局势中，没有任何一个人能够拥有全部资源并能独立地完成所有的事情，无论他有多么伟大、多么富裕拥有多么大的权力，他都不能。每一个人都必须依靠团队的力量才能将个人的能力完美地呈现。

大雁有一种合作的本能，它们飞行时都呈V型，这些雁飞行时定期变换领导者，因为为首的雁在前面开路，能帮助它两边的雁形成局部的真空，科学家发现，雁以这种形式飞行，要比单独飞行多出12%的距离。

团队的力量是巨大的。团队的力量大于个人力量之和，一加一等于二，这是人人都知道的算术。可用在人与人的团结合作上，那就不再是一加一等于二了，而可能等于三、等于四、等于五……合作就是力量，这是再浅显不过的道理。

合作可以产生一加一大于二的倍增效果，据统计，诺贝尔获奖项目中，因协作获奖的占三分之二以上，在诺贝尔奖设立的前25年，合作奖占41%，而现在则跃居80%。

美国自由党前领袖大卫·史提尔说：**"合作，不仅是一种工作而已。事实上，合作是一切团队繁荣的根本。"**

在现代社会，早已没有全能的个人，只有完美的团队。因为有很多事情必须依靠团队里每一个成员相互协作、共同努力才能完成。

个体再强大，也终归是有弱点的，但是如果大家合作，取长补短，马上就会有意想不到的效果。很多动物都明白这样的道理。

非洲草原几只瘦弱矮小的鬣狗能把一匹高大的斑马分吃掉，就因为三只小鬣狗深明合作起来力量大的道理：一只鬣狗咬住斑马的尾巴，任凭斑马如何甩动尾巴，也死死咬住不放；一只鬣狗咬住斑马的耳朵，任凭斑马如何摇头，也绝不松口；一只稍显强壮的鬣狗咬住斑马的一条腿，任凭斑马如何踢腾，一点也不敢懈怠。在三只鬣狗的齐心攻击下，斑马终于体力不支瘫倒在地，成为三只鬣狗的盘中餐。

人作为社会的人，比动物更明白合作的威力，也比动物更需要合作的力量，团队合作已成为人类生存的必须。对于企业而言，团队意识和合作精神更为重要，企业对于合作型员工的渴求更加明显，“是否具有合作精神”，已经成为众多企业选人用人的天条之一。

谷歌是世界上最大的互联网技术服务商，是一家以技术开发见长的公司，但它却不是唯技术至上，谷歌招聘员工时，更注重的其实是宽容精神、合作精神。

2005 年，谷歌中国区总裁李开复刚上任就在中国招聘了 50 名高校毕业生。他们中有 40 多位是硕士、博士，也有少量优秀的本科生。这些人大部分来自计算机专业，也有学电子、数学的。虽然最终只有 50 人入选，但一开始报名的却有数千人，那么李开复是根据什么样的标准来选拔人才的呢？

李开复在谈到这一问题时表示，“技术能力当然非常重要，但是，我们的谷歌是个大的团队，只有那些具有团队合作精神的人才能够到这里来工作，只是天才但是不会和人合作的人在这里是不受欢迎的”。

在实际的招聘工作中，有不少应聘者由于缺乏团队合作精神而落选。一位名校计算机系的毕业生，笔试几乎得了满分，但面试时这位学生却经常表现出不耐烦，自然最后没有被录用。还有一位著名的教授,他在自己所属的专业领域里绝对是权威,李开复甚至曾经游说过这位教授加入谷歌。面试时,这位教授凭着自己的资历,显得过于傲慢。考官们深信,这位教授进入谷歌后不会平等对待公司的员工,最终劝说李开复放弃了这位教授。

没有合作精神的企业不可能成功,没有团队意识的员工也不可能受到企业的欢迎。因为企业比个人更明白个人能力的有限和团队力量的强大。

一个互相信任的团队,一个互相扶持的团队,一个互相依赖的团队,对于一个企业而言,是关系兴衰存亡的关键因素,也是个人获得职业发展的决定因素。一根筷子轻轻被折断,十双筷子牢牢抱成团;一个巴掌拍不响,万人鼓掌声震天。从来没有全能的个人,最完美的只能是每一个人都充分合作的团队。

2 一滴水只有融入大海才不会干涸

单丝不成线,独木不成林。

——民间谚语

作为一名团队中的个体,只有把自己融入到整个团队之中,凭借集体的力量,才能把个人的力量发挥到最大,才能无限放大个人的能力,并最终和团队一起取得惊人的成绩。

佛家有一个很著名的故事:

一天,佛祖释迦牟尼问众弟子:“给你们一滴水,怎样让它不干?”众弟子面面相觑,不知该如何作答。

佛祖说:“把它放进大海里!”

的确,单独的一滴水,连存在都很困难,更别说要有所作为了。但是把它融入大海,就可以借助大海的力量去创造奇迹,和大海一起掀起滔天巨浪,无所不能。

每一个人也是一样，个人的力量终归是有限的，只有把自己很好地和团队融为一体，才能让自己得到最好的发展。

一盘散沙，尽管它金黄发亮，也仍然没有太大的作用。但是如果建筑员工把它掺在水泥中，就能成为建造高楼大厦的水泥板和水泥墩柱；如果化工厂的员工把它烧结冷却，它就变成晶莹透明的玻璃。单个人犹如沙粒，只有与人合作，才会起到意想不到的变化，成为不可思议的有用之才。一个人只有学会与人合作，掌握这种能力，才能让自己的事业不断向前。

在企业里，抱怨自己怀才不遇，感慨工作环境不好而频繁跳槽的人，往往是缺乏合作意识和团队精神，不能把自己和谐地融入团队是他们失败的根本原因。

张三在学校时是班上的优等生，参加工作后，常常恃才傲物，个性强硬。当时和他一起进入公司工作的还有李四，李四和张三一样也非常优秀，然而到了公司之后，他看到身边的人都很踏实地工作，于是就开始收敛自己，连喜欢抽烟的毛病也都改掉了，他还主动热情地和同事们交往，很快就赢得了大家的喜欢。

到年终评选优秀员工时，由于业绩优秀和同事们的支持，李四受到了表彰。张三也非常努力地工作，业绩甚至比李四还好，可是由于他与同事们关系处得不是太好，上司不喜欢他，在评选时他一票也没得到。

张三认为自己不受重视，感觉英雄无用武之地，因此辞职而去。离开这家公司后，他对自己所找的工作都不太满意，他为此深感懊恼。但是，他并不知道自己的失败在于没有很好地融入到团队里，没有与团队成员密切合作。

自以为是的人，往往不易融入团队，因为他们自我感觉良好，不愿与别人合作。但如果他们总是这样一意孤行的话，不但会使自己孤立，也容易被倡导“团队精神”的现代社会所抛弃。

一个刚毕业的女生参加麦肯锡公司的招聘。她的履历和表现都很突出，一路过关斩将，一直冲到最后一关。最后一关的题目是小组面试,这个女生伶牙俐齿、抢着发言。在她咄咄逼人的气势下,这个小组的其他成员几乎连说话的机会都没有。她认为自己在面试的时候表现很抢眼,被录取是十拿九稳的。然而,她落选了。麦肯锡公司的人力资源经理认为,这个女生尽管拥有很强的个人能力,但是很明显,她缺乏团队合作精神,招这样的人对公司的长远发展有害无益。

在一个团队中,每个成员的优缺点都不尽相同,每个人应该积极寻找团队成员积极的品质,并且学习它,让自己的缺点和消极品质在团队合作中被消灭。忠诚敬业的员工一定会常常反省自己的缺点,比如自己对人是不是还那么冷漠,或者还那么言辞犀利,是不是只注重个人能力的展示,而忘了团队力量等。如果你意识到了自己的缺点,就要注意改正。这样你才可能有所成就,才能实现梦想。

成功的企业也不是单独一个人创造的,因为个人的力量是有限的,创造出的成功可能是短暂的,只有团队的力量是无穷尽的、可持续发展的。个人只有依靠团队成员的支持和帮助,与团队一起成长,才能形成一股强劲的力量,才能具有活力。每一个团队成员都要深刻地认识到,一个人的成功不是真正的成功,团队的成功才是最大的成功。那种"只顾自己,不顾集体"的员工,是不受老板和同事们的欢迎的。

只有把自己融入到团队中去的人才能取得大的成功。融入团队就像给自己插上了翅膀,广阔天空,将任你翱翔。

3 团队时代,摒弃个人主义

不管一个人多么有才能,但集体常常比他更聪明和更有力。

——奥斯特洛夫斯基

我们所处的这个时代已经成为一个合作时代,一个团队时代。因而团队意识和合作精神成为现代人成功的重要法宝。要让自己很好地与团队融为一体，首先就一定要摒弃个人主义，抛开“独行侠”的思想，要和“狂妄”、“自视清高”、“刚愎自用”坚决作别，代之以“众人拾柴火焰高”、“众志成城”、“齐心协力”的团队意识。

任何公司的发展和壮大，都依赖员工的有效合作。当个人利益与团队利益发生冲突时，应以大局为重，而不是以自我为中心。在这个竞争的时代，集体主义比个人主义更有效，公司的成功依赖更多的是团队的力量。尽管每个人所处的岗位不同，性格也各不相同，但需要明确的是，有一点是共同的，那就是为实现公司的整体目标而团结一致，共同奋斗。

保罗·盖蒂曾经说过：“我宁要 100 个人的 1%，不要一个人的 100%。”因为他知道，一个人的 100%永远比不上 100 个人的 1%。三个臭皮匠，还能顶得上一个诸葛亮，100 个人的 1%，自然会有难以想象的力量，又岂是一个人的 100%所能比拟的？所以，要抛开个人，融入团队，依靠团队才能得到更大的发展。

有的员工尽管很优秀，但难免有一些“英雄主义”的倾向。虽然在很多关键时刻，“英雄主义”发挥着至关重要的作用，它可以使公司顺利渡过难关，可以激励全体员工士气，甚至可以从乱军之中取上将首级。但是单凭几个“英雄”仍然无法赢取整场战争的胜利，商业战争就像球场上的对决一般，足球运动靠的是全队的配合，大牌球星虽然能帮助球队扭转时局，但是球场上的常胜将军仍然是配合最好的球队。况且，“英雄主义”极易引发“个人主义”的不良作风，即不顾公司整体利益，只顾个人的功劳大小，无视他人的配合协作，一味地追求自我，瞧不起任何人，这种恶劣的风气一定不会走得长远。

有一位能力很强的员工，在一次与客户的谈判中表现突出，为公司创造了良好的效益，并受到总经理的高度赞扬。这次谈判使他感觉自己能力超群，总经理的赞扬使他觉得自己非同一般。在日常工作中，他开始不和同事们交往、沟通，一副自高自大、目中无人的样子，在公司里独来独往。

这位员工的态度使得同事们渐渐疏远了他，谁都不愿意与他合作。于是，他成了被孤立的人，在许多事情上都陷入极其尴尬的境地。后来，由于他判断失误给公司造成了巨大的损失。同事们的讥笑、总经理的恼怒，使他无法再继续待下去，他很不体面地自行辞职离开了公司。

公司就是一个团体，团体的发展不是靠个人，而是靠每一个人的力量。当无视他人力量存在时，“英雄主义”是一件很可怕的事情，因为，从公司长远发展来看，“英雄主义”只能胜一时，团队的力量才会胜一世。所以，相信团队，依靠团队，不断打造团队的力量，才是最终胜利的法宝。

迈克尔·乔丹，这位篮球史上最伟大的球星，一直坚守团结合作的职业精神，在每一场比赛中都和队友们倾力合作，团结一致地去争取胜利。他从来没有认为自己有多了不起，而是把成绩归功于团队，他们团队里的皮蓬等一大批 NBA 巨星才甘于充当配角，紧密地团结在他周围，为公牛队取得一个又一个冠军。

迈克尔·乔丹在结束自己的篮球生涯时说：“在别人看来，我站在篮球世界的顶端，每当听到这样的赞美，我都感到惶恐。我取得的所有成绩都是和队友们以及教练一起努力的结果，还有赞助商和支持、鼓励我们的球迷们，荣誉属于你们每一个人，我只是幸运地作为代表，一次次地领取奖杯。”

对于一个团队而言，如果团队成员只考虑自己的工作，而不去关心别人，就很可能会出现问题。特别是对于流水线生产，每一个工序的员工都是彼此联系在一起的，彼此之间必须有着高度的协作精神，这样才能生产出高质量的产品。如果一个工序出现了问题，就有可能导致整个流水线出现问题，对于一个企业而言，这样的损失肯定是巨大的。

团队时代，个人英雄主义已经不属于这里，所以，摒弃个人主义吧，把自己融入团队，真诚合作，真心奉献，团队的成功也就是你的成功。

4 真诚地与每一个同事协作

谁要是藐视周围的人，谁就永远不会是伟大的人。

——左伊默

如果说工作是一部大机器，员工就好比是每个零件，只有各个零件凝聚成一股力量，这台机器才可能正常启动。这正是同事之间应该遵循的一种工作精神，也是每一个员工应当秉持的职业操守。

有一次，天鹅、鱼和虾，一起想拉动一辆装东西的货车，三个家伙套上车索，拼命用力拉，可车子还是拉不动。

车上装的东西不算重，只是天鹅拼命向云里冲，虾尽是向后倒拖，鱼直向水里拉动。

究竟哪个错？哪个对？用不着我们多讲，只是车子还停留在老地方。

员工之间不协调，工作就施展不好，只会把事情弄糟，引起痛苦烦恼，领导者的智慧所在，即能妥善分配员工的工作，并协调他们之间的合作。

无论一个公司的金钱、机器和材料的总和多么强大，如果没一支愿意相互协作和真诚团结的人们组成的队伍可以使用，他们只不过是一堆不会产生成果的僵死物质。

在现代企业没有合作是不行的，再强大的个人，再优秀的员工，就算有热情、有努力、有责任精神，有雄心、有毅力，都是不够的，还必须要与他人合作，取长补短，相携共进，才能最终成功。

从前，某个国家的森林里，喂着一只两头鸟.名叫“共命”，这鸟的两个头“相依为命”，遇事向来两个“头”都会讨论一番，才会采取一致的行动，比如到哪里去找食物，在哪儿筑巢栖息等。

有一天，一个“头”不知为何对另一个“头”发生了很大误会，造成谁也不理谁的仇视局面，其中有一个"头"，想尽办法和好．希望还和从前一样快乐地相处，另一个"头"则睬也不睬，根本没有要和好的意思。

如今，这两个"头"为了食物开始争执，那善良的"头"建议多吃健康的食物，以增进体力，但另一个"头"则坚持吃"毒草"，以便毒死对方才可消除心中怒气！和谈无法继续．于是只有各吃各的，最后，那只两头鸟终因吃了过多的有毒的食物而死去了。

团队成员的协作贯穿到每一件工作中，无时不在。很多员工都具有团队意识和合作精神，但总是无法与同事很好地协作，特别是一些刚刚工作的员工，更是因为这个而深深苦恼。其实，要与同事建立完美的协作关系，秘诀只有一个：真诚。

是的，就是真诚。真诚是天底下打开心门的唯一一把钥匙。如果你拥有真诚，及真诚之心对同事，用真诚之心对工作，你一定可以如鱼得水，八面玲珑。

真诚的心是在职场、在官场甚至在所有的场合都畅通无阻的万能通行证。与同事的合作也是一样，如果拥有的是真诚，一定会有真诚的回报。

不管是对同事、对下属还是对上司，真诚的心是首要的条件。没有真心合作，而是互动心思，各打各的算盘，想着各自的利益，一个团队，组织集体或是企业会取得成功吗？答案绝对是否定的。所以，要想有最好的合作，必须有真诚作为基础。

在团队里还要学会培养与团队成员之间的感情，多跟他们分享对工作的看法，多听取和接受他们的意见，不要自命清高成为孤家寡人，要跟每一位团队成员保持友好的关系。在团队里，如果你被孤立起来，那将是件很危险的事。

艾伦经过几轮面试，终于应聘成功。今天是她到新公司上班的第一天，这是一个规模不算大但很有前途的公司，老总似乎很赏识她，一个新的天地在她面前逐渐展现。

但是，一切似乎并不如预想的顺利。第一天上班，她交代助理将进货清单按照格式列好，助理很诧异地说，以前的组长不是那样做的。艾伦坚持要助理这样做，助理有些不高兴。午饭时，艾伦刚走进公司楼下的快餐店，就看到谈得正欢的几个同事忽然安静了下来。她隐约觉出了什么，心里很是不安，远远地坐在另外一张桌子上……

一个星期下来，艾伦和同事之间似乎总有着不大不小的距离。第二个星期，老总有一件急单要处理，同事们将事情推给了她，她加班到凌晨，发誓要做好让同事看看。没想到，第二天老总发现单子出了问题，大发雷霆，同事都把责任推到她身上。她忍不住和一个说话尖刻的同事吵了起来，彼此都说了难听的话，直到老总制止了她们。

她忽然觉得自己来这个公司真是个错误，老总怀疑她的能力，新同事都一致排外地给她难堪。事情没有比现在更糟糕的了，尽管她一直都希望自己能在新的公司工作出色，就如在以前那家公司一样，同事尊敬，老板信任，如果不是想要和男朋友生活在一个城市里，她也不会放弃刚开了个好头的事业。她从来都没有怀疑过自己的工作能力，可是为什么自己的新工作会这么吃力？问题难道只在别人的身上？她不想回家，也不想让男友担心……

她忽然想起，那天让助理列清单时，自己并没有向她解释清楚这样做的原因，这是不尊重同事的表示，难怪产生了误会。自己业务上有困难时，从不向有经验的同事请教，别人一定以为自己不需要帮助了；同事将急单交给她，也许是为了锻炼她，是自己太急躁，明明是一个新人，却刻意地拉远自己和同事的距离，摆出一副很能干的样子。而且，到新公司这么久以来，她从来没有主动帮助过谁……太多的错失，原来竟发生在自己的身上啊！

第二天早上，艾伦找到助理："对不起，我一直没有和你沟通好我的想法。"她把自己的理由对助理说了，又细心听了助理的经验，两人终于商量出一个更有效率的工作方法。午饭时间，艾伦走到那个和自己吵架的同事面前,轻声说:"对不起,那天是我不对,说了很多伤害你的话,可以和你一块吃饭吗?"同事听了,也觉得很歉疚。两人欣然一笑,艾伦借此熟悉了这位同事的性情。

几个月过去了,工作中的艾伦更美丽,也更真诚。她热心地帮助同事解决问题;遇到困难时,她就虚心向同事请教;她还以细致的服务为公司争取来了大客户。公司的盈利为大家带来了努力工作的动力,和谐的人际关系也为艾伦带来了身心愉快的工作环境。在年度庆功酒会上,当艾伦宣布自己的婚讯时,她得到了所有同事最衷心的祝福。

在一个集体中,任何人的发展都不可能是孤立的,都离不开其他人的关怀、帮助和协作。要加强一个团队的合作能力,除了打造我们的团队精神外,还必须要有真诚的心,这样才有更加完美的合作。

5 和大家一起分享成功

上下同欲者胜。

——孙武

一个良好的团队,大家通力协作,共同努力,取得的任何成绩当然也是属于大家的,成功当然也属于整个团队。就算是某个人取得了更大的成就,也千万不要忘了一起拼搏努力的其他团队成员,与他们一起分享成功的喜悦。只有分享,才能共赢。不懂得分享的人,只能共苦不能同甘的人,最终会被大家所唾弃,所不齿,被大家孤立,被大家远离。

私心人人都有,这并没有什么不好。但是,如果把私心建立在团队的成绩之上,据团队成绩为己有,一定不会被接受。大家的成绩一定要大家分享,这不仅仅是团队精神和合作精神,也是公平和公正的体现。如果失去了这些,还会受到惩罚。

有一群猴子，发现一个高高的悬崖顶上有一串熟透了的果子，悬崖太陡峭了，仅仅靠一个猴子的力量是无法摘到果子的，于是猴子们团结起来，一个踩着一个的肩膀，搭起了“梯子”，这样，最上面的猴子摘到了果子。

摘到果子的猴子忘记了自己之所以能摘到果子，完全是大家团结合作的结果，独自在悬崖上大嚼起来，丝毫不理会下面的猴子，下面的猴子生气了，撤去了“梯子”，最上面的猴子吃完了所有的果子，却怎么也找不到下来的路，最后饿死在悬崖上。

猴子们通过团结努力获得了成功——摘到了悬崖上的果子，而最上面的猴子却独占了大家的劳动果实。从短期看，最上面的猴子占到了便宜——它自己吃到了所有的果实。但是从长远看，它占到了小的便宜，却付出了巨大的代价——它被踢出了团队，最后还丧了命。

企业中也是如此，在企业发展艰难的时候，员工们往往可以众志成城、团结一心、共渡难关，可是在取得了一定的成绩之后，原本团结的局面却往往会出现裂痕，这种可以同辛苦却不能共富贵的怪圈，几乎困扰着每一个企业，这究竟是什么原因呢？

很多人认为，这是因为企业员工素质差、嫉妒心重，其实不然。真正的原因就是企业中出现了几只霸占大家努力劳动才取得的果实却不肯与他人分享的“猴子”。

分享才能避免劳而无功，独占易起纷争，分享才能共利。在团队里，任何的成功都是团队成员共同劳动的结果，仅仅靠一个人是不会干出任何事业来的。

真正优秀的员工，当老板宣布他被提升或者受到奖励的时候，往往都非常谦虚，在享受荣誉的时候，他绝对不会忘了感谢那些和自己一起努力或者曾经帮助过自己的人，让所有曾经参与的人都分享这一荣誉和喜悦。这样的员工，大家往往乐于看到他的成功，当他获得成功的时候往往得到的是赞许和掌声。而且大家以后会更努力地团结在他周围，去争取更大的成功——因为大家都知道，不管取得多大的成功，他都不会忘记曾经帮助过自己的人，大家都会有所回报。

而另外一些员工，他们在获得奖励的时候，眼睛就从正常的位置挪到头顶上了，仿佛自己已经超越了别人，成为“高人一等的贵族”，连说话都高傲起来。这样的员工，自己把自己和团体隔离开来，谁以后还愿意帮助他呢？

一个团队的优秀体现在哪里？就体现在超强的凝聚力上。凝聚力是对团队和成员之间的关系而言的，表现为团队强烈的归属感和一体性，每个团队成员都能强烈感受到自己是团队中的一分子，把个人工作和团队目标联系在一起，对团队表现出一种忠诚，对团队的业绩表现出一种荣誉感，对团队的成功表现出一种骄傲，对团队的困境表现出一种忧虑。这样的员工才是真正具有合作精神的员工，是懂得分享的员工。如果不明白这样的职场哲理。就算你有通天的本领，最终也难以有大的成功，仅而会被大家抛弃、遗忘，甚至被赶出职场。

6 合作比竞争更重要

物种以竞争为原则，人类以合作为原则，人类顺此原则则昌，不顺此原则则亡。

——孙中山

竞争是职场生活的常态，也是社会生活的常态。与对手之间的竞争，与同事之间的竞争，与朋友之间也有竞争，竞争无处不在，无时不在。没有竞争就没有压力，没有竞争就没有动力，竞争让人进步，竞争促进成功。

在一望无际的非洲大草原上，狮子若要活命，就必须捕捉到足够的羚羊作为食物；羚羊若要活命，就必须跑得比狮子更快。所以，每天早晨羚羊一醒来就开始拼命地奔跑，为的是比狮子跑得更快而不会被狮子吃掉。每天早晨狮子一醒来也开始拼命地奔跑，为的是能够追得上羚羊而不会被饿死。

这就是自然界的竞争法则,正是这种没有退路的竞争,把狮子造就成了最强壮凶悍的食肉动物,把羚羊造就成了最敏捷善跑的食草动物。适者生存的自然法则淘汰的不是羚羊或狮子,而是羚羊和狮子中不能适应竞争环境的弱者。所以,竞争的过程表面看是淘汰对手的过程,实质上则是不断克服自身缺陷的过程,是使自己变得更加强壮的过程。正因为如此,竞争才成为一个常态,因为没有竞争就没有进步,没有竞争就会让人身处安逸,不思进取,最终被淘汰。所以竞争是好事,是动力。

国外一家森林公园养殖几百只梅花鹿,尽管环境幽静,水草丰美,又没有天敌,而几年以后,鹿群非但没有发展,反而病的病,死的死,竟然出现了负增长。后来他们买来几只狼放置在公园里,在狼的追赶捕食下,鹿群只得紧张地奔跑以逃命。这样一来,除了老弱病残者被狼捕食以外,其它鹿群的体质日益增强,数量也迅速地增长着。

人天生有种惰性,没有竞争就会故步自封,躺在功劳簿上睡大觉。竞争对手就如追赶梅花鹿的狼,时刻让梅花鹿清楚狼的位置和同伴的位置。跑在前面的梅花鹿可以得到更好的食物,跑在最后的梅花鹿就成了狼的食物。

竞争的结局尽管并不一定给每个参与者都带来好运,但它确实能充分挖掘每个留下者的潜能,使每一个人都在竞争中进步。如果没有竞争,无论人还是动物,其机能都会退化。

有一个动物园为了恢复长期圈养的狮子的野性,把它们放养到草地上,不再投放肉食,而是放入若干活山羊。结果,狮子看见活蹦乱跳的山羊竟不知如何是好,步步后退。狮子野性的丧失缘于圈养条件下竞争环境的消失。

满足于现状是不求进取的开始。没有竞争,则没有进取之心,不再担心失业,不再担心业绩比同事差而被淘汰,久而久之,必生懈怠之心,最终成为一个碌碌无为之人。不是有这样一句话吗:“莫自满,自满堕陷阱;要竞争,竞争促人才。”

职场竞争无处不在。竞争可以克服惰性,促进竞争个体的进步和发展。竞争就像一块磨刀石,员工的技能水平与创新能力在不断的磨炼中提高;竞争让人们满怀希望,朝气蓬勃。竞争给我们以直接现实的追求目标,赋予我们压力和动力,能最大限度地激发我们的潜能,提高学习和工作的效率;使我们在竞争、比较中,客观地评价自己,发现自己的局限性,提高自己的水平;能让团队和集体更富有生气,让我们的生活和工作更有乐趣。竞争是一种健康的心理。

但是,并不是说现代社会竞争是第一位的,很多时候,合作远比竞争更重要。

合作,是个人或群体、组织之间为达到某一确定目标,通过彼此的协调作用,获得更大意义或价值的联合行动。合作强调在和谐的气氛中获得共赢。所谓竞争,就是为了胜负或优劣而进行的争斗。竞争,关注的是单方面的最终利得。"事不关己,高高挂起","只知索取,不愿奉献";只强调个人竞争,而不关心企业的整体利益,不在乎组织的大局,甚至损害别人的利益,这样的竞争对于企业或组织甚至国家的发展和前途是没有任何好处的。因此,竞争切不可忘了合作,因为只有合作才能最大限度地发挥出每一个人的潜能,最大限度地把所有的人的车量集中在一起,让每一个人都感受到团队的强大,团队的温暖,团队的吸引力,决定要每个人的力量形成完美的团队,并创造出团队的辉煌和成功。

在袁政海班组,处处可感受到一种浓烈的团队意识和归属感,大家都觉得这里有一种特别的温暖。这个班组从来不缺乏团结协作、竞争创新、充满朝气的精神。每一个人都以能在这里工作而感到无比自豪。特别是每当遇到难题之时,这支专长突出、技术精湛、吃苦耐劳的队伍,总能在危难之际挺身而出,形成一股强大的战斗力,将难题一一化解。

虽然大家平时里也不忘暗地"较劲",但遇到需要解决问题时,都会毫不保留地抛出自己的"锦囊妙计",没有人小肚鸡肠地将自己的想法藏着掖着。较劲是个人与个人比,但是解决问题,就是团队和集体的事情。

“遇到问题，协作比竞争更为重要。”班长袁政海这样对自己说，也这样对班组里的成员说，“每个成员才智、能力各有千秋. 你可能在这方面存在优势，但是他有可能在那方面的优势比你还要明显。只有取长补短，热情分享. 才能够让团队走得更快更稳。”

有人把袁政海班组的分享与协作模式比作生产一辆汽车：这辆汽车需要有不同的模具生产出来零件，在各自最擅长的领域里大家都做到精益求精力求完美，使每个零件的质量都可以得到最好的保证。但是，单个零件永远无法完成汽车的功用，只有把各个零件组装起来，一辆汽车才算完成，才能够稳健地飞驰。

现代社会的分工越来越细，而分工越细标志着合作越紧密。在现代社会离开合作单兵作战几乎是不可能的事。所以，现代员工一定要有合作精神，要学会合作，善于合作，才能真正取得自己的成功。故而合作比竞争更重要。

我们可以很清楚地看到，许多大的工程，大的成果都是合作的结果。火箭、宇宙飞船、城市建设和管理，各种现代化的工具……可以说现代科技的所有成果，无一不是团结合作的结晶，无一不是精诚协作的结果。

合作才有成果，合作才能成功，合作才能取得辉煌的成就。有合作就力大无穷，有合作就无坚不摧，有合作就战无不胜，有合作就能创造一切，有合作就能诞生奇迹。

合作不仅仅体现在相互协作，更体现在相互帮助上。其实聪明的员工都懂得，帮助别人就是强大自己，帮助别人就是帮助自己，别人的得到并不意味着你就要失去。

《盲人挑灯》的故事大家都听说过：

一个漆黑的夜晚，一个苦行僧走到一个荒僻的村落，他看到一盏昏黄的灯正从巷道的深处亮过来。身边的一位村民说：“孙瞎子过来了。”苦行僧百思不得其解，一个双目失明的人，挑一盏灯笼岂不可笑？僧人于是问：敢问施主，既然你什么也看不见，那你为何挑一盏灯笼呢？盲人说："现在是黑夜吗？我听说黑夜如果没有灯光的映照，那么满世界的人都和我一样是盲人，所以我就点燃了一盏灯。"

僧人若有所悟地说："原来你是为别人照明呀？"但那盲人却说："不，我是为自己！"

"为你自己？"僧人又愣住了。

盲人问僧人，你是否因为夜色漆黑而被其他行人碰撞过？我就没有。虽说我是盲人，但我挑了这盏灯笼，既为别人照亮了路，也让别人看到了我而不会碰撞我了。

在职场，又何尝不是这样——你一心替别人着想时，受益的可能恰恰是你自己。这样的事例并不少见。

1904年夏，美国世界博览会场外。

一位卖西班牙薄饼的小商贩的摊子前冷冷清清，而据他不远的一位卖冰激凌的商贩的生意却异常火爆。一会儿，装冰激凌的小碟子就用完了，吃不到冰激凌的客人们纷纷摇头叹息。

卖薄饼的小贩灵机一动，提议将自己的薄饼卷成锥形来装冰激凌，薄饼即可盛冰激凌，又可以用来吃。果然，经过创新的冰激凌吸引了更多的顾客，渐渐冰激凌摊前的生意重新火爆起来，更令人意想不到的是一时热心之举竟然将这种新创的锥形冰激凌推上世界博览会展台，并且迅速风靡全球。

之后，卖薄饼的小贩与卖冰激凌的小贩二人合作，靠着这种蛋卷冰激凌赚到巨额财富，成就了自己的人生。

原来帮助别人也可以成就自己，这大概就是双赢的智慧吧！

社会日趋复杂，大家只有携起手来，互相合作，才能渡过难关。才能双赢互利。

退休后的老李在村边开了一烟酒糖茶小商店，面对行业竞争激烈的今天，开业后老李的小商店受到同行业的排挤不说，甚至风言风语：干不了多长时间就会退避三舍。

面对一无经验二受同行业排挤的困境，老李不气不馁，稳中求胜，在诚信开店的的原则下，主动拜老店主为师，虚心向他(她)们学习，群众来购货时如果本店没有，就积极推荐去他们的店里购买，来推销货的老李也是主动提示村里还有两家商店，建议也去他们的商店购买。

一段时间因连续下雨，村内路不好走，送货车不能直接到达村内，来了送货的，老李都是电话联系村内两家商店所需要货物，然后收下货并为其垫付现金，等候他们来取。时间长了原来相互排挤的现象也就克服了，关系和谐了，同行是冤家的说法也就打消了，老李帮助别人也帮了自己。一年下来小商店开得红红火火的。

现实中的激烈竞争使许多人感受到巨大压力、无所适从，甚至产生较为严重的心理失常，而合作令人更愉快。只有合作才更能促进人际关系的和谐。

7 远离嫉妒，嫉妒会让竞争变味

不要让嫉妒的蛇钻进你的心里，这条蛇会腐蚀你的心灵的。

——亚米契斯

竞争是残酷的，不论是自然界的竞争、动物的竞争、人类的竞争。竞争是最无情，最六亲不认的一种形式。所以竞争会让人的心理压力无限增大，使人产生一些过激的想法和心理。嫉妒就是竞争中最明显的一种。

嫉妒是一种普遍的社会心理现象。嫉妒是一种负面情绪，是指自己的才能、名誉、地位或境遇被他人超越，或彼此距离缩短时，所产生的一种由羞愧、愤怒、怨恨等组成的情绪体验。它是有明显的敌意甚至会产生攻击诋毁行为，不但危害他人，给人际关系造成极大的障碍，最终还会损伤自身。地位相似，年龄相仿，经历相近的人之间容易产生嫉妒。

武大郎不嫉妒比他有本事比他富裕的人，他嫉妒的是比他高的人。

> 几只螃蟹从海里游到岸边，其中一只也许是想到岸上体验一下水族以外世界的生活滋味，只见它努力地往堤岸上爬，可无论它怎样执著、坚毅，却始终爬不到岸上去。这倒不是因为这只螃蟹不会选择路线，也不是因为它动作笨拙，而是它的同伴们不容许它爬上去。你看每当那只企图爬离水面的螃蟹，就要爬上堤岸的时候，别的螃蟹就会争相拖住它的后腿，把它重新拖回到海里。人们也偶尔会看到一些爬上岸的海螃蟹，但不用说，他们一定是单独行动才上来的。

嫉妒往往包含功利的计较。即使对某些精神价值，嫉妒者所看重的也只是它们可能给拥有者带来的实际好处，例如，学问和才华带来的名利。嫉贤妒能的实质是嫉名妒利，一辈子怀才不遇的倒霉蛋是不会有人去嫉妒的。遭嫉的大多是那些春风得意或才高八斗或貌美如花或富可敌国的人。我国浪漫主义的大诗人屈原就是因为才高而遭嫉妒的。

嫉妒发生，与时间和空间的距离成反比。我们极容易嫉妒近在眼前的人，但不会嫉妒古人或遥远的陌生人。一个渴望往上爬的小职员并不嫉妒某个美国人一夜之间登上了总统宝座，对他的同事晋升科长却耿耿于怀了。一个财迷并不嫉妒世上许多亿万富翁，见他的邻居发了小财却寝食不安了。一个爱出风头的作家并不嫉妒曹雪芹和莎士比亚，因他的朋友一举成名却愤愤不平了。

竞争和嫉妒都不可怕，关键是摆正心态。竞争时用自己的实力公平竞争，失意时能奋发图强，以待来日。就是有了嫉妒之心也并不可怕，关键要看你能不能正视嫉妒。如果能把嫉妒转化为成功的动力，化消极为积极，往往会使你赶上甚至超过别人。当我们有很多事情要做时，我们就无暇去嫉妒别人,嫉妒的毒素就不会滋生、蔓延。

但是,竞争却会因为嫉妒而变味,让竞争也变得不可理喻起来。

郑袖就是这样一个因嫉闻名的女人。楚王妃郑袖,生性好妒。后来楚王又新纳了一个美人,且恩宠有加,这使得郑袖妒火日盛。但工于心计的郑袖却丝毫不表露出来,而是极尽讨好美人之能事,让美人和她貌似姐妹一般。然后她就开始使计了,说:"妹妹,大王是真的喜欢你呀,不过他就嫌你的鼻子不太好看。"这美人大惊,忙问怎么办,郑袖说:"你再见大王时捂住鼻子不让他看见就行了。"美人果然照办。这楚怀王开始奇怪了,这美人为什么每次见我都捂着鼻子呢?郑袖就悄悄对楚王说:"那是美人怕闻见你身上的臭味哩。"楚王一听,气坏了,命人割掉了美人的鼻子。郑袖的地位又回来了。

这样因妒伤人,因妒害人的例子在历史上可不仅仅只有郑袖这样一个孤例,而是比比皆是。

就是在现代,因妒而杀人放火的事情也屡见不鲜。

四川郫县一饭馆老板36岁的王家成因嫉妒"竞争对手"抢了自己的生意,竟然使出投毒搞垮对方的伎俩,幸好发现及时没有引发惨剧。

王家成系郫县安靖镇农民,在犀浦镇开了一家小饭馆,生意还算红火。可没多久,钟某在街对面也开了一家小饭馆,抢了不少生意过去,于是两家饭馆开始了竞争。渐渐地,王家成的饭馆生意越来越差,眼见对面饭馆顾客盈门,王家成便想出了给钟某饭馆投毒,毒死人来搞垮他生意的馊主意。

爱嫉妒的人大都心胸狭窄。心胸狭窄的人,一个显著的特点就是不能容忍别人比自己强,他们自我自私的特性决定了他们的世界里只能有他们自己。如果有别人比自己强的话,他们就会感觉自己成了别人的陪衬,这是他们万万不能接受的,于是就烦躁不安、心神不定,简直连日子都过不下去。他们极度敏感自尊心脆弱,这种自尊往往是他们深度的自卑导致的。对别人一些无心的举动,一些随意的言谈,他们都很敏感,在心里形成挥之不去的阴影。所以很多时候他们对别人的报复是与别人的能力无关的,只是因为别人不经意伤害了他们,他们却无法释怀。他们只想着怎样让别人也受到更大的伤害,只有别人受到的伤害远胜于自己,他们才能感到一丝快感。有时候这种报复简直令人发指!

日本东京的文京区是全日本著名的"名校区",从幼稚园、小学到中学、大学,入学考试竞争十分激烈。紧张的竞争使得一些人心理变态,有的邻居之间也勾心斗角。

1999年11月25日,东京地区警署逮捕了该地区的一名妇女,她被指控杀害了邻居一名两岁的女孩。原来,死者若山春奈考上了区内数一数二的御茶水国立女子大学附属幼稚园,而妇人的女儿没有能被录取,她因嫉妒居然将两岁的小孩子置于死地。妒火之盛妒火之烈真是罪大恶极。

……

这样的故事真是不胜枚举。可见嫉妒确实是一种能造成巨大危害的负面情绪,是对别人的优势以心怀不满为特征的一种不悦、自惭、怨恨、恼怒甚至带有破坏性的负面情绪。面对别人的长处,自己无力或不愿改变现状,于是就会对别人表示不满、愤恨,甚至会采取极端手段,对别人的名誉或身体加以伤害。

嫉妒是一种不好的心态,因而我们要努力克服它,让自己以实力取得竞争的胜利,而不是用嫉妒心来打击报复。所以我们要做的是远离嫉妒,学会竞争;抛开嫉妒,大胆竞争,用竞争来激励自己,让自己不断向成功迈进;而不是用嫉妒让自己陷入心灵的地狱。只有这样,才能真正在职场上拼搏厮杀,并找到自己的位置。

汽车驾驶省油的误区

误区一:空挡滑行能省油

在下坡路面或者减速滑行的情况下,很多自动挡车主习惯挂空挡滑行,认为这种做法比较省油,其实不然。挂空挡行驶不仅违反交通禁令,对采用电喷发动机的车子来说反倒费油。目前大多数电喷发动机的控制系统具有减速减油或断油的功能,这类车子高速带挡滑行可以依靠其自身的设计,达到省油的效果。

误区二:低速高挡能省油

低挡位行驶会消耗更多能量,因此采用高挡位低速行驶似乎是很多自动挡车主的习惯行为,认为这种做法可以达到节油的效果。这是没有根据的。任何一款车在出厂时都会标明该车的经济时速。技巧纯熟的车主在换挡时通常都让乘坐人员难以察觉,显得很平顺,这说明其对发动机转速和速度把握非常准确。这两个因素任何一个把握不准确,都会造成燃油浪费。明确地说,低挡位高速行驶或者高挡位低速行驶都是省油的误区。

误区三:不开空调能省油

行车时开空调需要耗费更多的能源,但这一情况不是绝对的,需要做具体分析:低速行驶时,不开空调的确比开空调省油。关系到油耗的因素中,风阻系数是一个需要考虑的条件。行车时打开车窗会使该车的风阻系数发生改变。很多车子当时速超过80公里/小时后,其风阻系数增加所带来的燃油损耗往往比密封车厢开空调所增加的油耗要大。

误区四:提前热车真能省油

很多车主习惯在发动车子后先热车一段时间,认为是爱车之道,同时也可以在行驶中达到省油的效果。随着汽车产业的发展,新车在技术上已经有了很大的改进,不再倡导提前热车。事实上,这种做法费油费时,还有可能对车子直接造成损害。一组相关的调查数据显示,在近年新推的车型中,引擎机件的部分磨损问题,有90%左右是在冷车发动后3分钟内造成的。可见热车时间不宜过长既可省油,也有利于爱车。

误区五:少加燃油可省油

油耗与车重有关是正确的,但很多车主因此加油的时候考虑到这一因素而尽量少加。理论上这种做法无可厚非,但实际情况并非如此,原因主要来自油品。虽然油品标号一样,但是不同时段的油品质量还是有细微的差别。在使用过程中,频繁加油会导致油品品质不一致,从而造成在发动机中燃烧不充分,既影响了车子的动力性,也增加了油耗。相对负荷有限的燃油重量来说,这种做法并不科学。